L'HISTOIRE DE L'ATLANTIDE

ESQUISSE GÉOGRAPHIQUE, HISTORIQUE ET ETHNOLOGIQUE

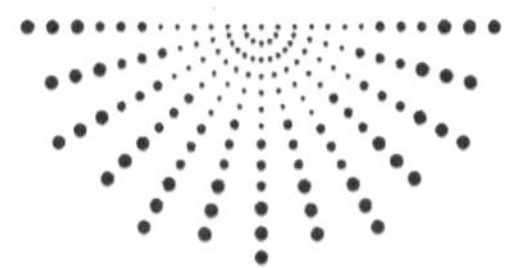

W. SCOTT-ELLIOT

TABLE DES MATIÈRES

L'ATLANTIDE

Loin de la multitude où fleurit le
mensonge,
Puisque l'âme s'épure et s'exalte en
rêvant,
Au gré du souvenir vogue, ô mon Âme, et
songe :
Songe à la cendre humaine éparse dans le
vent ;
Songe aux crânes heurtés par le soc des
charrues ;
Aux débris du passé dans l'inconnu
flottant :
Car des mondes sont morts, des cités
disparues,
Où la vie eut son heure et l'amour son
instant !

~

Aux siècles primitifs, une île, immense et belle,
Nourrice jeune encor d'un peuple de géants,
Livrait à ses fils nus sa féconde mamelle,
Et sa hanche robuste au choc des océans.
Cette terre avait nom l'Atlantide. – Des villes
Y florissaient alors, superbes, par milliers,
Avec leurs parthénons et leurs jardins fertiles,
Et leurs palais de marbre aux antiques piliers.
Aqueducs ! Monuments massifs, aux colonnades
De jaspe, défendus par de grands léopards !
Coupoles de granit ! Innombrables arcades
Brodant de leur dentelle éparse les remparts ! –
L'on eût dit des forêts de pierre. – Les bois vierges
Reflétaient leur verdure aux lacs bleus sans roseaux,
Et l'âme des jasmins et des lis, sur les berges,
Se mariait, légère, à des chansons d'oiseaux !
Un cantique montait d'espérance et de joie
Vers Jupiter très bon, très auguste et très grand :
L'homme tendait les mains à l'azur qui flamboie,

Et le fleuve apaisé priait – en
murmurant…
Mais ce monde, marqué du sceau de la
colère,
Devait s'anéantir, sans que rien en restât
Que des îlots perdus sur l'onde tumulaire,
– Seuls vestiges épars où notre œil
s'arrêtât !
On entendit rugir les forges souterraines,
Tout le sol s'effondra, secoué
brusquement…
Et la mer fit rouler ses vagues souveraines
Sur la plaintive horreur de cet
écroulement.

~

Cependant, par delà ces monstrueux
décombres
Que, sous mille pieds d'eau, tu vois se
dessiner,
Ô mon Âme, entends-tu ?… Du fond des
lointains sombres,
De prophétiques voix semblaient
vaticiner :

~

– « Ainsi les continents, les villes
séculaires,
« Les grands monts hérissés de sapins et
d'orgueil,
« L'homme et ses passions, le monde et
ses colères

« – Cadavres disloqués et mûrs pour le cercueil,
« Gigantesques amas sans nom, épaves mornes –
« S'engloutiront un jour (tout étant accompli)
« Sous les flots ténébreux d'une autre mer sans bornes
« Et plus profonde encor – qui s'appelle l'Oubli !
« Alors, exécutant la suprême sentence,
« L'ombre, comme un déluge, envahira les cieux ;
« Et tout bruit s'éteindra, comme toute existence,
« Dans le néant obscur, vaste et silencieux. »
(Rosa Mystica.)

Stanislas DE GUAITA.

PRÉFACE

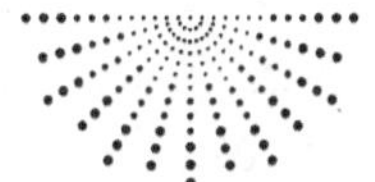

Pour les lecteurs ignorant les progrès acquis dernièrement dans le domaine des sciences occultes, grâce aux études sérieuses dont s'occupe la Société théosophique, la signification des faits exposés dans ces pages pourrait rester incomprise sans quelques explications préliminaires.

Jusqu'à présent les recherches historiques des civilisations occidentales étaient basées, pour la plupart, sur des documents écrits. Lorsque des mémoires littéraires venaient à manquer, on utilisait des monuments de pierre ; les fossiles nous ont fourni des preuves authentiques, quoique muettes, de l'ancienneté de la race humaine. Mais la culture moderne a oublié ou a négligé la possibilité d'étudier les événements passés indépendamment des témoignages, sujets à l'erreur, laissés par les écrivains anciens. Et ainsi le monde, dans son ensemble, est encore si peu éveillé aux ressources du pouvoir humain que l'existence effective et même la potentialité des pouvoirs psychiques, que quelques-uns de nous exercent sans cesse et consciemment chaque jour, sont encore niées et tournées en dérision par une foule de gens.

La situation est tristement comique du point de vue de ceux qui comprennent les plans d'ensemble de l'évolution ; car l'humanité tient ainsi volontairement à distance les connaissances essentielles à son progrès ultérieur.

Le maximum de culture que l'intelligence humaine est susceptible d'atteindre, tandis qu'elle se refuse à elle-même toutes les ressources de sa conscience spirituelle supérieure, ne sera jamais qu'un procédé préparatoire en comparaison de ce qu'il pourra être lorsque les facultés – suffisamment développées – lui permettront d'entrer consciemment en relation avec les plans ou les aspects hyperphysiques de la Nature.

Pour celui qui aurait la patience d'étudier les résultats publiés sur les recherches psychiques dans les cinquante dernières années, la réalité de la clairvoyance, comme phénomène accidentel, paraîtrait établie d'une manière irrévocable. Sans parler des occultistes, c'est-à-dire de ceux qui, étudiant les plans supérieurs de la nature, sont à même d'obtenir des notions supérieures à celles que contiennent les livres, ceux qui, sans être occultistes, ne veulent accepter que les faits enregistrés, leur incrédulité au sujet de la possibilité de la clairvoyance est comparable à l'incrédulité proverbiale d'un Africain concernant la formation de la glace. Les expériences sur la clairvoyance, accumulées entre les mains de ceux qui ont étudié ce phénomène relativement au Mesmérisme, confirment l'hypothèse qu'il existe dans la nature humaine une faculté spéciale permettant la connaissance des faits à travers l'espace et le temps, et sans le secours des sens physiques.

Ceux qui ont étudié les mystères de la clairvoyance

en ce qui concerne l'enseignement théosophique peuvent comprendre que les ressources finales offertes par cette faculté sont aussi supérieures aux manifestations les plus simples dont s'occupent les investigateurs ordinaires, que les ressources des hautes mathématiques le sont aux notions préliminaires de la science des nombres.

Il existe en effet des espèces différentes de clairvoyance : chacune d'elles s'explique facilement lorsqu'on comprend la manière dont la conscience humaine est capable de fonctionner dans les différents plans de la Nature. La possibilité de lire les pages d'un livre fermé, de discerner des objets les yeux bandés, ou à distance, représente une faculté toute différente de celle qu'on emploie pour reconnaître les événements du passé, et c'est cette dernière qu'il faut considérer afin de comprendre le véritable caractère du traité sur l'Atlantide. Si je fais allusion aux autres formes de clairvoyance, c'est pour éviter que l'on ne considère l'explication que j'ai à donner comme une théorie complète de la clairvoyance avec toutes ses variétés.

Pour bien saisir le phénomène de la lucidité du passé, nous pouvons, tout d'abord, considérer le phénomène de la mémoire. La théorie qui tend à expliquer ce phénomène par un arrangement imaginaire des molécules physiques du cerveau se produisant à chaque instant de notre vie, ne peut paraître plausible à ceux qui sont capables de s'élever au-dessus du niveau des pensées d'un matérialiste athée et intransigeant. Celui qui admet comme hypothèse raisonnable l'idée qu'un homme est plus qu'un squelette animé, doit en même temps admettre que la mémoire correspond, dans l'homme, à un principe hyperphysique. La mémoire, en un mot, est une fonction qui appartient à un plan différent du plan physique. Il est évident que les images de la mémoire sont reproduites dans un milieu qui n'est pas de nature physique. Ces images sont accessibles au penseur incarné, dans les cas ordinaires, en vertu d'un effort dont il est aussi inconscient, – quant à son caractère précis, – qu'il est inconscient de l'impulsion cérébrale qui fait agir les muscles de son cœur.

Les événements auxquels il a été mêlé dans le passé sont photographiés dans la Nature sur une page impérissable de la matière hyperphysique ; et par un effort intérieur approprié, il est capable de les rappeler, quand il en a besoin, dans la région d'un des sens intérieurs qui reflète sa perception sur le cerveau physique.

Nous ne sommes pas tous capables de produire également bien cet effort, aussi la mémoire demeure-t-elle quelquefois vague et confuse ; cependant, au cours des expériences mesmériques, la surexcitation momentanée de la mémoire est un fait reconnu.

Les conditions où elle se produit prouvent clairement que les enregistrements de la Nature sont accessibles, si nous savons les découvrir ou si notre capacité pour faire un effort est en quelque sorte perfectionnée. Cet effort peut se produire sans que nous ayons une connaissance exacte de la méthode employée.

Ceci nous amène par une transition facile à cette autre idée, que les enregistrements de la Nature ne sont pas, à vrai dire, des collections séparées formant la propriété d'un seul, mais qu'ils représentent la mémoire universelle de la Nature elle-même, dont différentes personnes peuvent prendre des esquisses selon leurs différentes capacités.

– Je ne dis pas que l'une de ces idées découle nécessairement de l'autre comme une conséquence logique ; les occultistes savent que ce que j'ai avancé est un fait ; mais en ce moment mon but est de montrer au lecteur non occultiste comment le véritable occultiste arrive à ce résultat – sans vouloir pour cela énumérer dans cette brève explication tous les degrés de son progrès mental.

La littérature théosophique, dans son ensemble, doit être consultée par ceux qui cherchent une explication plus complète de ses magnifiques aperçus et une démonstration pratique de son enseignement dans les différentes directions ; et cet enseignement a déjà été présenté au monde, dans le cours du développement théosophique, pour le bien de tous ceux qui sont en état de le comprendre.

– La mémoire de la Nature est en réalité une unité prodigieuse ; de même que, dans une autre voie, l'on découvre que l'humanité forme une unité spirituelle, si, aspirant à cette union merveilleuse où l'unité est atteinte sans la perte de l'individualité, nous nous élevons aux plans supérieurs de la Nature ; mais pour l'humanité ordinaire dont la majorité ne représente aujourd'hui que le premier stage de l'évolution, les facultés spirituelles intérieures reléguées derrière celles qui ont pour instrument le cerveau physique, sont encore trop imparfaitement développées pour pouvoir être impressionnées par d'autres clichés que par ceux avec lesquels elles se sont trouvées en contact au moment de leur création ; et ainsi l'effort intérieur, aveugle qu'elles peuvent produire, ne peut généralement évoquer aucun autre souvenir. Dans la vie ordinaire, nous trouvons des exemples intermittents de quelques efforts plus effectifs. « La transmission de la pensée » à distance en est un. Dans ce cas : « Impressions produites sur l'esprit » d'une personne – les images de la mémoire de la Nature, avec lesquelles elle se trouve en rapport normal, sont saisies par quelqu'un qui est capable, – quoique inconscient de la méthode – de placer la mémoire de la Nature – étant données certaines conditions – un peu au delà de la région avec laquelle il se trouve lui-même en rapport normal. De pareilles personnes commencent ainsi, quoique faiblement, à exercer la faculté de clairvoyance astrale. Ce terme peut être employé convenablement pour indiquer le genre de clairvoyance que je veux expliquer ici, de cette clairvoyance qui, dans ses développements les plus magnifiques, a permis d'accomplir les recherches sur lesquelles on a basé la description de l'Atlantide, exposée dans cet ouvrage.

En effet, il n'y a pas de limites aux ressources de la clairvoyance astrale dans les recherches qui se rapportent au passé de l'histoire terrestre, soit que nous considérions les événements qui ont atteint la race humaine aux époques préhistoriques, soit que nous envisagions le développement de la planète elle-même au travers de périodes géologiques antérieures à l'apparition de l'homme, soit que nous abordions des événements plus récents dont les récits généralement adaptés ont été altérés par l'insouciance ou la partialité des historiens. La mémoire de la nature est rigoureusement fidèle et enregistre les moindres détails.

Un temps viendra, aussi certain que la précession des équinoxes, où la méthode littéraire sera considérée comme surannée et abandonnée dans tout travail original. Elles sont très peu nombreuses parmi nous, les personnes capables d'exercer d'une manière parfaite la clairvoyance astrale, – et qui, cependant, n'ont pas encore été appelées à des fonctions plus hautes en rapport avec l'avancement du progrès humain, progrès dont l'humanité ordinaire actuelle se doute aussi peu qu'un ryot indien se doute de ce qui se passe dans nos conseils de Cabinet. Plus nombreuses, mais en toute petite minorité cependant, comparativement au monde cultivé, sont les personnes qui savent ce que peuvent faire les premières et qui savent, par ce moyen, de quels efforts, de quels entraînements dans la maîtrise de soi, elles ont poursuivi cet idéal intérieur dont la clairvoyance – lorsqu'elle est atteinte – n'est qu'une des conditions particulières.

Cependant quelques-uns de nous pensent avec raison qu'avec le temps, et dans un avenir qu'on peut prévoir, le nombre des personnes capables de pratiquer la clairvoyance astrale augmentera suffisamment pour étendre le cercle de ceux qui connaissent l'existence de ces facultés, jusqu'à ce qu'enfin – d'ici à quelques générations – ce cercle comprenne toute la partie intelligente et instruite de l'humanité civilisée. En attendant, ce volume est le premier ouvrage qui se présente comme un pionnier de la nouvelle méthode de recherches historiques. Il est curieux pour tous ceux que cela intéresse de penser que ce volume sera considéré comme un ouvrage d'imagination – surtout par les lecteurs matérialistes, incapables d'accepter la franche explication – donnée ici même – du principe sur lequel ce travail a été basé. Pour les lecteurs qui ont plus d'intuition, il sera utile de dire quelques mots, afin d'écarter l'hypothèse que ces recherches historiques, facilitées par la clairvoyance astrale, présentent un procédé relativement simple en ce qui concerne les périodes historiques éloignées de nous par des centaines de mille ans.

Chacun des faits exposés dans cet ouvrage a été recueilli pièce par pièce avec un soin minutieux et suivi, au cours de recherches auxquelles se sont livré plus d'une personne qualifiée, et cela il y a plusieurs années. Pour favoriser le succès de leur entreprise, ces personnes ont obtenu la facilité de prendre connaissance de quelques cartes géographiques et d'autres documents conservés depuis les temps les plus reculés, dans des lieux sûrs, loin des races turbulentes, occupées en Europe au développement de la civilisation, dans les brefs instants de repos que leur laissent la guerre et le fanatisme qui, au moyen âge, a si longtemps considéré la science comme sacrilège.

On doit reconnaître que la tâche, quoique laborieuse, présente une ample compensation à toutes les peines qu'elle a données. Cela doit être reconnu par tous ceux qui sont capables d'apprécier combien une compréhension juste de la période, dite atlantéenne, est nécessaire pour la juste compréhension du monde tel que nous le voyons. Sans ces connaissances, toutes les spéculations ethnologiques restent futiles et erronées.

Le cours suivi par la race dans son développement n'est que chaos et confusion, sans la clef que nous offre le caractère de la civilisation atlantéenne, ainsi que la configuration de la terre à cette époque. Les géologues savent que la surface de la terre et celle de l'Océan se sont fréquemment substituées l'une à l'autre et ils savent aussi – par les fossiles trouvés dans les couches différentes – que ces surfaces étaient habitées. Cependant, à défaut de connaissances exactes, par rapport aux dates auxquelles ces changements ont eu lieu, les géologues écartent cette théorie de leur conception pratique ; et à l'exception de quelques hypothèses énoncées par certains naturalistes, concernant l'hémisphère austral, ils ont toujours tâché d'expliquer les migrations des races par la configuration de la terre telle qu'elle existe de nos jours.

De cette manière l'erreur se répand sur toute la question et le schéma ethnologique reste si vague et si ténébreux qu'il ne parvient pas à changer les idées imparfaites concernant les commencements de l'humanité, idées qui prédominent toujours dans la pensée religieuse, et qui arrêtent le progrès spirituel de l'époque.

La décadence et la disparition finale de la civilisation atlantéenne sont tout aussi instructives que son élévation et que sa gloire ; mais j'ai atteint maintenant le but pour lequel j'avais demandé à présenter cet ouvrage dans une courte préface ; et si celle-ci ne parvient pas à démontrer aux lecteurs, auxquels je m'adresse, toute l'importance du livre, ce résultat serait difficilement atteint par des explications supplémentaires.

A.-P. SINNET.

1

INTRODUCTION

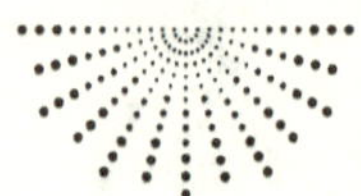

On peut avoir une idée générale du sujet qui nous occupe en examinant l'ensemble des informations que l'on possède sur les nations diverses qui composent notre grande race, la cinquième race ou race aryenne.

Depuis le temps des Grecs et des Romains, des volumes entiers ont été écrits sur chacun des peuples qui, à leur tour, ont occupé la scène de l'histoire. Les institutions politiques, les croyances religieuses, les mœurs et les usages sociaux et domestiques ont été analysés, catalogués ; et des œuvres innombrables, écrites en plusieurs langues, nous exposent la marche du progrès. On doit se rappeler en outre que nous ne possédons qu'un seul fragment de l'histoire de cette cinquième race ; – ce dont les annales concernant les dernières familles de la sous-race celtique et les premières familles de la branche teutonique à laquelle nous appartenons.

Mais les centaines de milliers d'années qui se sont écoulées depuis le temps où les premiers Aryens quittèrent leur patrie, c'est-à-dire les bords de la mer centrale d'Asie, jusqu'à l'époque des Grecs et des Romains, témoignent de la formation et de la décadence d'innombrables civilisations.

En fait, nous ne savons rien de la première sous-race de notre race Aryenne, qui habita les Indes et colonisa l'Égypte aux temps préhistoriques ; nous pouvons en dire de même des nations chaldéennes, babyloniennes et assyriennes qui composèrent la deuxième sous-race ; – car les fragments des connaissances obtenues récemment par l'interprétation des hiéroglyphes des tombeaux égyptiens, ou des inscriptions cunéiformes des tablettes babyloniennes, peuvent à peine être considérés comme formant un chapitre d'histoire. Les Persans qui appartenaient à la troisième sous-race ou race iranienne ont, il est vrai, laissé quelques traces ; mais nous n'avons aucun document authentique concernant la race celtique ou la quatrième sous-race. C'est seulement avec l'apparition du dernier rejeton de ce tronc celtique, c'est-à-dire avec l'apparition des Grecs et des Romains, que nous arrivons aux temps historiques.

À côté d'une période confuse dans le passé il y a aussi une période confuse dans l'avenir. Car des sept sous-races nécessaires au développement complet de la grande race racine, cinq sont seulement encore venues à l'existence. Notre race teutonique ou cinquième sous-race a déjà évolué plusieurs nations ; mais elle n'a pas encore terminé son cours, et les sixième et septième races qui se développeront sur les continents dans l'Amérique du Nord et dans l'Amérique du Sud laisseront après elles une histoire qui s'étendra pendant des milliers d'années.

Aussi doit-on comprendre combien il est difficile de donner en quelques pages seulement une idée de la marche de la civilisation dans le cours d'une période aussi étendue, et combien rapide et incomplète est forcément une telle esquisse.

En effet, l'exposé des progrès de la civilisation pendant la période de la quatrième race, ou race atlantéenne, doit contenir l'histoire de plusieurs nations et enregistrer la formation et la chute de plusieurs civilisations. En outre, au cours de la quatrième race, des catastrophes formidables se sont produites plus d'une fois qui n'ont jamais encore apparu pendant la durée de notre cinquième race. La destruction de l'Atlantide a été amenée par une série de catastrophes de caractères variés ; ce furent tantôt de grands cataclysmes dans lesquels disparurent des territoires et des populations tout entières, tantôt des éboulements peu considérables, semblables à ceux qui se produisent aujourd'hui sur nos côtes. Après que le continent eut été une première fois ébranlé par la première grande catastrophe, d'autres éboulements suivirent sans interruption et le rongèrent constamment et insensiblement. Parmi ces catastrophes il y en a quatre qui surpassent toutes les autres en importance. La première eut lieu à l'époque miocène, il y a à peu près huit cent mille ans. La deuxième, d'une moindre importance, se produisit il y a environ deux cent mille ans. La troisième, qui survint il y a à peu près quatre-vingt mille ans, fut considérable ; elle détruisit tout ce qui restait du continent atlantide à l'exception de l'île que Platon désigne sous le nom de *Poseïdonis,* et qui fut submergée à son tour dans la quatrième grande catastrophe finale, en l'an 9564 avant Jésus-Christ.

2

TÉMOIGNAGES CONSTATANT L'EXISTENCE DE L'ATLANTIDE

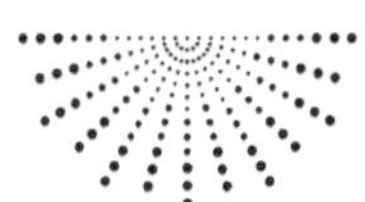

Le témoignage des auteurs les plus anciens ainsi que les recherches scientifiques des temps modernes témoignent de l'existence d'un ancien continent qui aurait occupé la place de l'Atlantide disparue.

Avant de poursuivre l'étude de la question elle-même, on se propose de jeter un coup d'œil rapide sur les sources généralement connues et qui fournissent à ce sujet des preuves corroborantes.

Ces sources peuvent être réunies dans les cinq classes suivantes :

- 1° Le témoignage que nous donne le sondage des grandes profondeurs maritimes ;
- 2° La distribution de la faune et de la flore ;
- 3° La similitude du langage et du type ethnologique ;
- 4° Celle des croyances religieuses, des rites, de l'architecture ;
- 5° Le témoignage des auteurs anciens ; les

traditions primitives et les vieilles légendes concernant le déluge.

En premier lieu, le témoignage des sondages maritimes peut être résumé en quelques mots. Grâce surtout aux expéditions des canonnières anglaises et américaines, *le Challenger* et *le Dauphin* (bien que l'Allemagne se soit aussi associée à cette exploration scientifique), on a pu dresser la carte du lit de l'océan Atlantique. On a démontré ainsi qu'il existe au milieu de l'océan une immense chaîne de montagnes d'une grande élévation. Cette chaîne s'étend dans la direction du sud-ouest depuis le 50° nord environ jusqu'aux côtes de l'Amérique méridionale, puis dans la direction sud-est vers les côtes de l'Afrique, changeant de nouveau de direction aux environs de l'île de l'Ascension et se dirigeant vers le sud jusqu'à Tristan d'Acunha. Elle s'élève presque subitement des profondeurs de l'océan à une hauteur de 9.000 pieds, tandis que les Açores, Saint-Paul, l'Ascension et Tristan d'Acunha sont les pics de cette contrée qui, seuls, demeurent encore à la surface de l'eau. Une ligne de 3.500 toises, c'est-à-dire de 21.000 pieds, est nécessaire pour atteindre aux plus grandes profondeurs de l'Atlantique ; mais les parties les plus élevées de la chaîne sont situées seulement à une profondeur de cent à quelques centaines de toises au-dessous du niveau de la mer.

Les sondages ont prouvé encore que cette grande chaîne est couverte de débris volcaniques, dont les traces se retrouvent à travers l'océan jusque vers les côtes de l'Amérique.

Il a été établi, en effet, d'une manière décisive, à la suite des travaux accomplis par l'expédition dont il est question plus haut, que le sol formant actuellement le lit de l'océan a été le théâtre d'éruptions volcaniques gigantesques, et cela durant une période géologique qui peut être aisément déterminée.

M. Starkie Gardner pense que, « dans la période éocène, les Îles Britanniques faisaient partie d'une grande île, ou mieux d'un continent qui s'étendait dans l'Atlantique, et il croit qu'une grande région continentale existait alors, là où se trouve aujourd'hui la mer ; et que la Cornouaille, les îles Scilly et celles de la Manche, l'Irlande et la Bretagne sont les vestiges de ses sommets les plus élevés ». *(Pop. Sc. Review,* july 1878.)

Deuxièmement. – L'existence constatée d'une faune et d'une flore similaires ou même identiques sur des continents séparés par de grands océans, a toujours été une énigme pour les biologistes aussi bien que pour les botanistes. Mais s'il a jadis existé un lien entre ces continents, – lien qui permettait la migration naturelle de tels animaux ou de telles plantes, – l'énigme se trouve résolue. Or, on trouve des restes fossiles de chameaux aux Indes, en Afrique, dans l'Amérique méridionale et au Kansas ; mais l'hypothèse généralement admise par les naturalistes est que chaque espèce animale, chaque plante apparurent originairement sur une certaine partie du globe d'où elles se répandirent peu à peu dans les autres contrées. Comment alors expliquer l'existence de ces restes fossiles, sans admettre le fait d'une communication possible entre les continents à quelque époque reculée. Des découvertes récentes dans les couches fossiles du Nebraska semblent prouver que le cheval est originaire de l'hémisphère occidental, car c'est la seule partie du monde où des restes fossiles ont été découverts indiquant les diverses formes intermédiaires qui ont été regardées comme représentant les précurseurs du véritable cheval. C'est pourquoi il serait difficile d'expliquer la présence du cheval en Europe sans admettre l'hypothèse d'une communication constante entre les deux continents ; d'autant plus que le cheval existait certainement à l'état sauvage en Europe et en Asie avant sa domestication par l'homme, laquelle remonte à peu près à l'âge de pierre. Le bétail et les moutons, tels que nous les connaissons aujourd'hui, ont des ancêtres également éloignés. Darwin montre le bétail domestiqué en Europe aux premières époques de l'âge de pierre, alors que longtemps auparavant il était issu du buffle sauvage d'Amérique. Les restes du lion des cavernes d'Europe se retrouvent aussi dans l'Amérique du Nord.

Passant du règne animal au règne végétal, on constate que, en Europe, la plus grande partie de la flore de l'âge miocène – qui se retrouve surtout dans les couches fossiles de la Suisse – existe de nos jours en Amérique, et quelque peu en Afrique. Mais en ce qui concerne l'Amérique, un fait est digne d'être noté ; tandis que la plupart des espèces se retrouvent dans les États de l'est, beaucoup d'entre elles manquent au contraire sur les côtes du Pacifique. Ceci semble indiquer qu'elles pénètrent dans le continent du côté de l'Atlantique. Le professeur Asa Gray affirme que sur soixante-six genres et cent cinquante-cinq espèces trouvés dans les forêts orientales des montagnes Rocheuses, trente et un genres et soixante-dix-huit espèces seulement se rencontrent sur le versant occidental.

Mais c'est dans la question du bananier que se présente le problème le plus difficile. Le professeur Kuntze, un éminent botaniste allemand, se demande : « De quelle manière cette plante, originaire des contrées tropicales de l'Asie et de l'Afrique et qui ne peut supporter un voyage à travers les zones tempérées, a-t-elle pu être transportée en Amérique ? » Comme il l'indique, la plante est dépourvue de graines, elle ne peut se reproduire par boutures, elle ne possède pas d'oignons qui puissent se transporter facilement. Sa racine est dendroïde. Des soins spéciaux seraient nécessaires pour la transporter ; de plus, elle ne pourrait supporter un long voyage. La seule manière par laquelle il puisse s'expliquer son apparition en Amérique est de supposer que cette plante y a été transportée par l'homme civilisé, à une époque où les régions polaires jouissaient d'un climat tropical ! Il ajoute : « Une plante cultivée qui ne possède pas de graines doit avoir été soumise à *une culture très prolongée*... il est peut-être légitime de supposer que ces plantes étaient déjà cultivées au commencement de la période diluvienne. » Pourquoi, demandera-t-on, cette conclusion ne nous reporterait-elle pas à des temps encore plus éloignés ; et en quoi la civilisation est-elle nécessaire à la culture de la plante, ou la douceur du climat exigé pour son transport, s'il n'existait pas, à quelque époque que ce soit, une communication possible entre l'ancien et le nouveau monde ? – Le professeur Wallace, dans son charmant traité *Island Life,* ainsi que d'autres auteurs dans maints ouvrages importants, ont émis d'ingénieuses hypothèses pour expliquer l'identité de la faune et de la flore dans des contrées fort éloignées l'une de l'autre et leur transport au delà de l'océan ; mais toutes ces hypothèses sont contestables ou s'écroulent sur différents points.

Il est reconnu que le froment tel que nous le connaissons n'a jamais existé sous la forme de plante sauvage et rien ne prouve non plus qu'il provienne d'une plante primitive. Cinq variétés différentes de froment étaient déjà cultivées en Europe à l'âge de la pierre. L'une de ces variétés, retrouvée dans les « habitations lacustres », est connue sous le nom de froment égyptien. Se basant sur ce fait, Darwin prétend que « les hommes des habitations lacustres entretenaient des relations commerciales avec quelque peuple méridional, ou bien qu'ils descendaient de colons venus du Sud ». Il en conclut que le froment, l'orge, l'avoine, etc., proviennent d'espèces variées *aujourd'hui disparues,* ou si totalement différentes de celles qu'elles ont produites qu'aucune comparaison n'est plus possible. « L'homme, dit-il, doit avoir cultivé les céréales à une époque fort reculée. » Les régions où florissaient ces espèces disparues ainsi que les civilisations sous lesquelles elles furent cultivées par le moyen d'une sélection intelligente, tout cela est expliqué dans l'hypothèse d'un continent disparu : les colons important ses produits à l'Orient et à l'Occident.

Troisièmement. – De la faune et de la flore, revenons maintenant à l'homme.

Le langage. – La langue basque est la seule des langues européennes n'ayant aucune affinité avec les autres. Selon Farrar, « on n'a jamais mis en doute que ce langage isolé, conservant son caractère dans un coin occidental de l'Europe et entre deux royaumes puissants, ressemble par sa structure à la langue primitive du vaste continent opposé (l'Amérique) et à celle-ci seulement. *(Families of Speech,* p. 132.) Les Phéniciens furent sans aucun doute les premiers peuples de l'hémisphère oriental qui employèrent l'alphabet phonétique, les caractères étant considérés comme de simples signes représentant les sons. Il est curieux de constater qu'à une époque aussi ancienne nous retrouvons un alphabet phonétique dans l'Amérique centrale parmi les Mayas du Yucatan, dont la civilisation, d'après leurs traditions, serait venue d'une contrée située au delà de l'océan, du côté de l'Orient. Le Plongeon, cette grande autorité en la matière, écrit : « Un tiers de ce langage (le Maya) est du grec pur. Qui donc a apporté le dialecte d'Homère en Amérique ? ou qui est-ce qui a porté en Grèce le langage des Mayas ? Le grec provient du sanscrit. En est-il de même du maya ? ou bien seraient-ils contemporains ? » Il est encore plus surprenant de trouver dans l'alphabet maya treize lettres ayant plus d'un rapport avec les signes des hiéroglyphes égyptiens désignant les mêmes lettres. Il est probable que la forme primitive de l'alphabet était hiéroglyphique. C'était là « l'écriture des dieux », ainsi que l'appelaient les Égyptiens, et qui plus tard, dans l'Atlantide, se transforma en alphabet phonétique. Il serait naturel de supposer que les Égyptiens étaient une ancienne colonie d'Atlantes venus de l'Atlantide (comme ils l'étaient en effet) et qu'ils avaient apporté avec eux le type primitif de l'écriture qui, de cette manière, a laissé des traces dans les deux hémisphères ; tandis que les Phéniciens, peuple maritime, découvrirent et s'assimilèrent la dernière forme de l'alphabet dans leurs trafics avec les peuples de l'Occident.

Un autre point doit être considéré : c'est en ce qui concerne la ressemblance extraordinaire de beaucoup de mots hébreux avec des mots ayant la même signification dans la langue des Chiapenecs – une branche de la race maya et l'une des plus anciennes de l'Amérique centrale. Une liste de ces mots est donnée dans le *North Americans of Antiquity,* p. 475.

La similitude de langage chez les différentes races sauvages des Îles du Pacifique a servi d'arguments aux auteurs qui ont écrit sur ce sujet.

L'existence de langages similaires chez des races séparées par des lieues d'océan, et entre lesquelles depuis les temps historiques il apparaît qu'il ne pouvait y avoir aucune relation possible, peut témoigner en faveur de leur origine commune, c'est-à-dire d'une seule race qui aurait occupé un seul continent. Mais cet argument ne peut être invoqué ici, car le continent en question n'était pas l'Atlantide, mais bien la Lémurie, beaucoup plus ancienne que celui-ci.

Types ethnologiques. – L'Atlantide, dit-on, ainsi que nous le verrons plus loin, a été habitée par des races rouges, jaunes, blanches et noires. Les recherches de Le Plongeon, de Quatrefages, de Bancroft et d'autres ont prouvé que des populations noires, du type nègre, existaient encore en Amérique à une époque relativement récente. Beaucoup de monuments de l'Amérique centrale sont décorés de figures de nègres, et quelques-unes des idoles retrouvées dans cette contrée représentent visiblement des nègres au crâne déprimé, aux cheveux courts et crépus, aux lèvres épaisses. Le *Popul Vuh,* parlant de la première patrie des Guatémaléens, dit que « des hommes blancs et noirs habitaient ensemble cette heureuse contrée, vivant en grande paix », parlant « un même langage ». (Voir *Native Races,* de Bancroft, p. 547.)

Le *Popul Vuh* expose ensuite comment ce peuple émigra, abandonnant sa première patrie ; comment son langage s'altéra et comment les uns se dirigèrent vers l'Est, tandis que les autres voyagèrent vers l'Ouest (vers l'Amérique centrale).

Le professeur Retzius, dans son *Smithsonian Report,* considère que les dolichocéphales primitifs d'Amérique ont une parenté très rapprochée avec les Guanches des îles Canaries et avec les peuplades des côtes atlantiques de l'Afrique, que Latahm a désignée sous le nom d'Atlantide égyptienne. La même forme de crâne se retrouve sur la côte africaine, aux îles Canaries et sur les côtes d'Amérique, dans les Caraïbes, tandis que la couleur de la peau chez ces peuplades est d'un brun tirant sur le rouge.

Les anciens Égyptiens se dépeignaient eux-mêmes comme des hommes rouges, au teint semblable à celui que l'on rencontre encore aujourd'hui dans certaines tribus des Indiens d'Amérique.

« Les anciens Péruviens, dit Schort, à en juger

d'après de nombreux spécimens de chevelures trouvés dans les tombeaux, devaient être une race aux cheveux châtain clair. »

Un fait remarquable concernant les Indiens d'Amérique, et qui est pour les ethnologues une énigme constante, c'est la grande diversité de couleur et de teint qui se rencontre parmi eux. Depuis le teint blanc des tribus du Menominee, du Dakota, du Mandan et de Zuni, dont la plupart ont les cheveux châtain clair et les yeux bleus, jusqu'au teint foncé, presque noir, des Karos du Kansas et des tribus aujourd'hui éteintes de Californie, les races indiennes représentent toutes les nuances : les tons rouge brun, cuivré, olivâtre, jaune clair et bronze (Voyez : *North Americans of Antiquity,* de Short ; *Pre-Adamites,* de Winchell ; *Indians of North America,* de Catlin ; voyez aussi *Atlantis,* par Ignace Donnelly, qui a recueilli beaucoup de documents sur ce point et sur d'autres). Nous verrons peu à peu comment la variété du teint qui se rencontre sur le continent américain est expliquée par la couleur de la race primitive qui habitait la terre Atlantide – mère des autres.

Quatrièmement. – Rien ne paraît avoir autant surpris les aventuriers espagnols au Mexique et au Pérou que la ressemblance extraordinaire des croyances religieuses, des rites, des emblèmes de l'ancien monde avec ceux qu'ils trouvèrent établis dans le nouveau. Les prêtres espagnols considéraient cette ressemblance comme l'œuvre du démon. Le culte de la croix chez les indigènes et la présence de cet emblème dans les édifices religieux et dans les cérémonies était pour eux un sujet d'étonnement ; et, en effet, nulle part – pas même aux Indes ni en Égypte – ce symbole n'était tenu en une plus profonde vénération que parmi les tribus primitives du continent américain, tandis que le sens caché sur lequel reposait le culte qui lui était rendu était le même. En Occident comme en Orient, la croix était le symbole de la vie – quelquefois de la vie physique, le plus souvent de la vie éternelle.

De même dans les deux hémisphères, le culte du disque solaire ou du cercle et celui du serpent étaient universels ; et ce qui est plus surprenant encore, c'est la ressemblance du mot qui signifie *dieu* dans les langues principales de l'Est et de l'Ouest. Comparez en effet le sanscrit *Dyaus* ou *Dyaus Pitar,* le grec *Theos* et *Zeus,* le latin *Deus* et *Jupiter,* le celtique *Dia* et *Ta,* prononcez *Thyah* (qui semble présenter une affinité avec le mot égyptien *Tau),* l'hébreu *Jah* ou *Yah* et enfin le mexicain *Téo* ou *Zéo.*

Les cérémonies du baptême étaient pratiquées par toutes les nations. À Babylone et en Égypte, les candidats à l'initiation aux mystères, étaient d'abord baptisés : Tertullien, dans son ouvrage *De Baptismo,* dit qu'on leur promettait en retour la « régénération et le pardon de tous leurs parjures ». Les nations scandinaves faisaient baptiser les nouveau-nés ; si nous nous reportons au Mexique et au Pérou, nous trouvons que le baptême des enfants y était considéré comme une cérémonie solennelle, qui consistait dans l'aspersion, le signe de la croix et les prières pour laver des péchés. (Voyez Humboldt, *Mexican Researches,* et *Mexico,* de Prescott.) Les tribus du Mexique, de l'Amérique centrale et du Pérou pratiquent encore, comme les nations de l'ancien monde, la confession, l'absolution, le carême et le mariage devant le prêtre. Ils avaient même une cérémonie semblable à celle de la communion et dans laquelle on mangeait des pains marqués du « Tau » (une forme égyptienne de la croix) ; et les peuples appelaient ces pains la chair de leur Dieu. Ceci ressemble exactement aux gâteaux sacrés de l'Égypte et des autres contrées orientales. De même que ces nations, les habitants du nouveau monde avaient encore des ordres monastiques d'hommes et de femmes, dans lesquels on punissait de mort ceux qui rompaient leurs vœux. Comme les Égyptiens, ils embaumaient leurs morts, adoraient le soleil, la lune et les planètes ; mais, au-dessus de tout, ils adoraient une divinité « omniprésente, qui savait tout… invisible, incorporelle, un seul Dieu de toute perfection ! » (Voyez Sahagun, *Historia de Nueva Espana,* lib. VI.)

Eux aussi avaient leur divinité, la vierge mère, « Notre-Dame », dont le fils, le « Seigneur de la Lumière », était désigné par le nom de « Sauveur » ; il y a là un rapport étroit avec les cultes d'Isis, de Beltis et des autres vierges adorées en Orient, ainsi que leur divin fils.

Les rites qui caractérisaient chez ces peuples le culte du soleil et celui du feu, ressemblent aux rites des Celtes primitifs de la Bretagne et de l'Irlande ; et comme ces derniers, ils prétendaient être « les enfants du Soleil ».

L'arche ou argha est l'un des universels symboles sacrés que nous retrouvons également aux Indes, en Chaldée, en Assyrie, en Égypte, en Grèce et parmi les peuples celtiques. Lord Kingsborough, dans ses *Antiquités mexicaines* (vol. VIII, p. 250), dit : « De même que chez les Juifs l'arche était une sorte de temple portatif dans lequel la divinité était supposée habiter constamment, de même parmi les Mexicains, les Cherokees et les Indiens de Michoacán et du Honduras, l'arche était un objet de haute vénération et considéré comme trop sacré pour être touché par d'autres que par des prêtres. »

En ce qui concerne l'architecture religieuse, nous trouvons que, des deux côtés de l'Atlantique, l'un des plus anciens monuments sacrés est la pyramide.

Quelque douteux que nous apparaisse le but pour lequel ces constructions furent élevées, une chose demeure certaine, c'est qu'elles étaient intimement liées à quelque idée ou quelque groupe d'idées religieuses.

L'identité de forme dans les pyramides d'Égypte et dans celles du Mexique et de l'Amérique centrale est trop frappante pour être une simple coïncidence.

Il est vrai que la plupart des pyramides américaines sont des pyramides tronquées ou aplaties ; cependant, selon Bancroft et d'autres auteurs, beaucoup de celles qu'on trouve au Yucatan, et notamment celles qu'on rencontre près de Palenque, se terminent en pointe à la manière égyptienne, tandis que d'un autre côté nous trouvons des pyramides égyptiennes du type plat et tronqué.

Cholula a été comparé aux groupes du Dachour, du Sakkarah et à la pyramide de Meidoun. Semblables dans leur orientation, leur structure, et même dans leurs galeries et leurs chambres intérieures, ces monuments mystérieux de l'Est et de l'Ouest témoignent de quelque source commune où ceux qui les élevèrent empruntèrent l'idée de leurs plans.

Les vestiges imposants des cités et des temples du Mexique et du Yucatan ressemblent aussi étrangement à ceux de l'Égypte ; les ruines de Teotihuacan ont été même fréquemment comparées à celles de Karnak.

La « fausse voûte », c'est-à-dire une couche de pierres horizontales, dont chacune dépasse légèrement la précédente, est la même dans l'Amérique centrale, dans les plus anciennes constructions de la Grèce et dans les ruines étrusques. Les architectes des deux continents, ceux de l'Est et ceux de l'Ouest élevaient des tumuli semblables au-dessus de leurs morts et déposaient les corps dans des tombeaux de pierre tout à fait pareils.

Les deux continents ont leurs grands remparts circulaires ; comparez ceux d'Adams C°, Ohio, avec le beau rempart circulaire découvert en Argyleshire ou bien le spécimen moins parfait à Avebury dans le Wilts. La sculpture et les décorations des temples de l'Amérique, de l'Égypte et des Indes ont beaucoup de ressemblance tandis que quelques-unes des décorations murales sont tout à fait identiques.

Cinquièmement. – Il ne reste plus maintenant qu'à résumer quelques-uns des témoignages provenant des auteurs anciens, des traditions relatives à une race primitive, des légendes anciennes concernant les déluges.

Aelian, dans son ouvrage *Varia Historia* (lib. III, ch. XVIII), dit que Théopompus rapporte une entrevue entre le roi de Phrygie et Silène, dans laquelle ce dernier mentionnait l'existence d'un grand continent situé au delà de l'Atlantique et plus grand que l'Asie, l'Europe et la Lybie réunies.

Proclus cite un extrait d'un ancien auteur qui parle d'îles existant au delà des Colonnes d'Hercule (le détroit de Gibraltar) et dont les habitants tenaient de leurs ancêtres une tradition concernant une très grande île nommée Atlantis, laquelle pendant longtemps aurait étendu sa domination sur toutes les îles de l'océan Atlantique. Marcellus parle de sept îles situées dans l'Atlantique et affirme que leurs habitants ont conservé le souvenir d'une île beaucoup plus grande, l'Atlantide, « qui pendant de longues années a exercé sa domination sur les îles plus petites ».

Diodore de Sicile raconte que les Phéniciens ont découvert « une grande île située dans l'océan Atlantique au delà des Colonnes d'Hercule, et à laquelle ils parvinrent, après quelques jours de voyage, à partir des côtes d'Afrique ».

Mais la plus grande autorité dans cette question est Platon. Dans son *Timée* il mentionne le continent isolé ; enfin le *Critias* ou l'*Atlanticus* n'est pas autre chose qu'un compte rendu détaillé de l'histoire, des mœurs et des coutumes du peuple qui l'habitait. Dans le *Timée* il parle d'une énorme puissance guerrière qui, des rivages de l'Atlantique, se serait précipitée sur l'Europe entière et sur l'Asie, car dans ces temps-là l'océan Atlantique était navigable et il y avait une île à l'entrée du détroit, qu'on désigne aujourd'hui sous le nom de Colonnes d'Hercule. Mais cette île était plus grande que la Lybie et l'Asie tout ensemble et facilitait le passage vers les îles voisines ; de même qu'il était facile de passer de ces îles sur les autres continents qui confinaient à l'Atlantique. Les témoignages du *Critias* ont une si grande valeur que le choix en est difficile, cependant nous citons l'extrait suivant, car il se rapporte aux ressources matérielles du pays : « Ils étaient également pourvus de tout ce qui, dans une ville, est considéré comme nécessaire et utile aux exigences de la vie. À la vérité ils étaient approvisionnés de beaucoup de choses par les contrées étrangères, car leur empire était très vaste ; cependant leur île leur fournissait la plupart des objets dont ils avaient besoin, comme les minerais à l'état solide ou à l'état liquide, l'orichalque connu seulement de nom aujourd'hui, mais qui était alors très renommé. On le trouvait dans la terre en beaucoup d'endroits de l'île et on le considérait comme un des métaux les plus précieux, à l'exception de l'or. L'île produisait aussi en abondance tout ce que les forêts peuvent fournir en fait de bois de construction. Il y avait encore d'abondants pâturages pour les animaux domestiques et pour les animaux sauvages ; les éléphants se trouvaient dans cette île en nombre prodigieux. Les pâturages nourrissaient toute espèce d'animaux, ceux qui habitent les lacs et les rivières aussi bien que ceux qui vivent dans les montagnes ou dans les plaines. Il y avait également des aliments suffisants pour les animaux les plus grands et les plus voraces. Cette île produisait aussi en abondance tout ce que la terre fournit à présent d'espèces odoriférantes, telles que : des racines, des herbes, du bois, des sucs, des résines, des fruits et des fleurs. »

Les Gaulois possédaient des traditions sur l'Atlantide recueillies par l'historien romain Timagènes, qui vivait au Ier siècle avant l'ère chrétienne. Trois races distinctes habitaient probablement la Gaule. D'abord, la population indigène (descendant sans doute de la race Lémurienne), secondement les envahisseurs venus des îles éloignées de l'Atlantide, et troisièmement les Gaulois aryens (V. *Pre-Adamites,* p. 380).

Les Toltèques du Mexique faisaient remonter leurs traditions jusqu'à un pays qu'ils appelaient Atlan ou Aztlan ; les Aztèques prétendaient aussi être venus d'Aztlan (V. *les Races natives,* de Bancroft, vol. V, pp. 221 et 321).

Le *Popul Vuh* (p. 294) parle d'un voyage que les trois fils du roi des Qniches auraient fait dans une contrée d'Orient sur les côtes de la mer, d'où leurs ancêtres étaient venus ; ils avaient rapporté de ce voyage, entre autres choses, un « système d'écriture » (V. Bancroft, vol. V, p. 553).

Parmi les Indiens de l'Amérique du Nord il existe une légende très répandue, d'après laquelle leurs ancêtres seraient venus d'une contrée située vers « le soleil levant ». Les Indiens d'Iowa et de Dakota, selon le major Lind, croyaient que toutes les tribus indiennes ne formaient jadis qu'une seule tribu habitant ensemble une seule et même île… « vers le soleil levant ». C'est de là qu'ils avaient traversé l'océan « sur des esquifs étranges sur lesquels les anciens Dakotas naviguèrent des semaines entières et gagnèrent enfin la terre ferme ».

Des documents retrouvés dans l'Amérique centrale affirment que le continent américain s'étendait très loin dans l'océan Atlantique et que cette contrée fut détruite par une série de catastrophes effroyables séparées par de longs intervalles. Trois d'entre elles sont souvent mentionnées (V. *Ancient America,* de Baldwin).

Une légende répandue parmi les Celtes de Bretagne, et d'après laquelle une partie de leur pays se serait autrefois étendue au loin dans l'Atlantique, vient corroborer encore cette hypothèse. Les traditions du pays de Galles mentionnent trois grandes catastrophes.

La divinité mexicaine « Quetzalcóatl » serait venue « d'une contrée d'Orient très éloignée ». Elle est représentée comme un homme blanc avec une grande barbe. (N. B.) – Les Indiens du Nord et du Sud n'ont point de barbe. Elle aurait inventé les lettres et réglé le calendrier mexicain. Après avoir enseigné aux Mexicains les arts et les métiers pacifiques, cet envoyé divin s'embarqua pour l'*Orient* dans un canot fait de peau de serpents (V. Short, *North Americans of Antiquity,* pp. 268-271).

On raconte la même chose de Zamna, le fondateur de la civilisation au Yucatan.

Il reste à examiner maintenant l'uniformité merveilleuse des légendes concernant le déluge et qui se retrouvent dans toutes les parties du globe.

Ne cherchons pas pour l'instant à savoir si ces légendes sont les antiques vestiges de l'histoire, concernant la disparition de l'Atlantide, ou si elles sont plutôt l'écho d'une profonde parabole enseignée autrefois dans quelque centre d'initiation ; considérons seulement l'accueil général et universel que ces légendes ont trouvé dans les esprits.

Il est inutile d'examiner l'une après l'autre toutes ces histoires de déluge. Il suffit de constater qu'aux Indes, en Chaldée, à Babylone, en Médie, en Grèce, en Scandinavie, en Chine, parmi les Juifs comme parmi les tribus celtiques de la Bretagne, cette légende est absolument identique dans toutes ses parties essentielles. Si l'on interroge l'Occident, que trouve-t-on ? La même histoire conservée dans tous ses détails parmi les Mexicains (chaque tribu ayant naturellement une version particulière), les habitants du Guatemala, du Honduras et du Pérou, et dans presque toutes les tribus des Indiens du Nord de l'Amérique.

Il est puéril de supposer que des ressemblances aussi fondamentales puissent être expliquées par le fait d'une simple coïncidence.

Les lignes suivantes, empruntées à la traduction que Le Plongeon a faite du fameux *M. S. Troano,* conservé dans le *British Museum,* pourront servir de conclusion à cette question. Le *M. S. Troano* paraît avoir été écrit il y a environ trois mille cinq cents ans, chez les Mayas du Yucatan ; il donne la description suivante de la catastrophe qui a submergé l'île de Poseïdon :

« En l'année 6 du *kan,* le 11 *muluc,* dans le mois de *zac,* de terribles tremblements de terre se produisirent et continuèrent sans interruption jusqu'au 13 *chuen.* La contrée des collines d'argile, le pays de Mu fut sacrifié. Après avoir été ébranlé à deux reprises, il disparut subitement pendant la nuit ; le sol étant continuellement soulevé par des forces volcaniques, qui le faisaient s'élever et s'abaisser en maints endroits, jusqu'à ce qu'il cédât ; les contrées furent alors séparées les unes des autres, puis dispersées ; n'ayant pu résister à ces terribles convulsions, elles s'enfoncèrent entraînant avec elles 64.000.000 d'habitants. Ceci se passait huit mille soixante ans avant la composition de ce livre. »

Mais nous avons maintenant consacré assez de place à l'exposition de ces fragments de preuve – plus ou moins convaincantes – que le monde possède jusqu'à présent.

Les personnes désireuses de poursuivre des recherches sur ce sujet devront se reporter aux différents ouvrages mentionnés ou cités plus haut.

À présent nous devons traiter le sujet en lui-même. Les faits recueillis dans cet ouvrage sont empruntés à des documents contemporains qui se sont accumulés et transmis à travers les âges et ne reposent aucunement sur des suppositions ou des conjectures. L'auteur a pu ne pas comprendre complètement les faits et par là même il les a peut-être parfois inexactement rapportés ; mais les sources originales sont ouvertes aux personnes compétentes ; et celles qui désirent se soumettre à la discipline nécessaire peuvent obtenir le pouvoir de contrôler et de vérifier.

Même si tous les clichés occultes enregistrés étaient ouverts à notre investigation, on comprendrait combien succincte serait forcément une esquisse qui chercherait à résumer dans quelques pages l'histoire des races et des nations, comprenant pour le moins plusieurs centaines de mille ans. Cependant quelques détails à ce sujet – bien qu'ils soient souvent décousus – paraîtront nouveaux et par là même intéressants pour le monde en général.

3

GÉOGRAPHIE

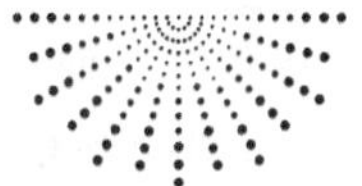

Parmi les documents mentionnés plus haut, il existe des cartes du monde à des époques différentes de l'histoire ; l'auteur de cet ouvrage a eu le grand privilège d'obtenir des copies – plus ou moins complètes – de quatre d'entre elles. Toutes les quatre représentent l'Atlantide et les contrées environnantes à différentes époques de l'histoire. Ces périodes correspondent approximativement aux époques qui séparaient les catastrophes mentionnées plus haut ; et c'est naturellement dans le cours de ces périodes représentées par ces quatre cartes que se groupent les annales de la race atlantéenne. – Avant d'exposer l'histoire de cette race, il est nécessaire, cependant, de faire quelques remarques sur la géographie du pays au cours des quatre époques différentes.

La première carte représente la surface de la terre ainsi qu'elle existait il y a environ un million d'années, alors que la race atlantéenne était dans toute sa grandeur et avant que se produisît le grand cataclysme qui eut lieu il y a à peu près huit cent mille ans.

Il faut remarquer que le continent de l'Atlantide lui-même s'étendait de quelques degrés à l'est de l'Islande jusque environ à l'endroit où est situé aujourd'hui Rio-de-Janeiro dans l'Amérique méridionale. Comprenant le Texas et le golfe du Mexique, les États méridionaux et orientaux de l'Amérique, ainsi que le Labrador, ce continent s'étendait à travers l'Océan jusqu'à nos îles ; l'Écosse et l'Irlande, ainsi qu'une partie du Nord de l'Angleterre, en formaient les promontoires – tandis que ses contrées équatoriales comprenaient le Brésil et toute l'étendue de l'Océan jusqu'à la Côte d'Or de l'Afrique. Des fragments disséminés, qui dans la suite formèrent les continents de l'Europe, de l'Amérique et de l'Afrique, sont indiqués sur cette carte, de même qu'un continent encore plus ancien, très étendu, la Lémurie. Les restes d'un continent plus ancien encore, le continent hyperboréen qui fut habité par la seconde race racine, sont aussi indiqués et colorés en bleu, de même que la Lémurie. Ainsi qu'on le voit d'après la seconde carte, la catastrophe qui s'est produite il y a huit cent mille ans a apporté un très grand changement dans la distribution territoriale du globe. Le grand continent a perdu ses régions polaires, et les portions qui restaient ont été encore divisées.

Le continent américain qui apparaît à cette époque est séparé par un détroit du continent de l'Atlantide qui l'avait formé et celui-ci ne comprend plus que quelques territoires existants encore aujourd'hui, plus toute l'étendue de l'océan Atlantique depuis le 50° nord jusqu'à quelques degrés au sud de l'Équateur. Les abaissements et les soulèvements de terrains dans les autres parties du monde ont été aussi très considérables. Les îles Britanniques, par exemple, font partie d'une île immense, qui comprend la presqu'île de Scandinavie, le Nord de la

France et toutes les mers voisines et environnantes. Il est à remarquer que les restes de la Lémurie se trouvent diminués, tandis que les territoires de l'Europe, de l'Amérique et de l'Afrique se sont accrus.

La troisième carte indique les résultats de la catastrophe qui s'est produite il y a environ deux cent mille ans.

À l'exception de quelques changements survenus dans les continents d'Atlantide et d'Amérique, et la submersion de l'Égypte, on peut voir que les abaissements et les soulèvements des territoires à cette époque furent relativement peu importants. Et, en effet, la citation que nous avons empruntée au livre sacré des Guatémaléens prouve que cette catastrophe n'a pas toujours été regardée comme une des plus considérables – car, dans ce livre, on n'en mentionne que trois grandes. L'île de Scandinavie apparaît alors jointe au continent.

Les deux parties qui composaient à ce moment l'Atlantide étaient désignées sous les noms de Routa et Daitya.

En examinant la quatrième carte, on se rend compte de la prodigieuse convulsion qui eut lieu il y a environ quatre-vingt mille ans. Daitya, la plus petite des deux îles, et celle qui était le plus au sud, a presque complètement disparu, tandis qu'il ne subsiste plus de l'île de Routa qu'une partie relativement petite : l'île de Poseïdon. Cette carte, dressée il y a environ soixante-quinze mille ans, représente exactement, sans aucun doute, la surface de la terre telle qu'elle a existé depuis cette époque jusqu'à la submersion finale de Poseïdon en 9564 avant Jésus-Christ, bien que, dans le cours de cette période, des changements sans importance aient pu se produire.

Il est à remarquer que les contours des continents

commencèrent à ce moment à prendre l'aspect qu'ils ont de nos jours, bien que les îles Britanniques soient encore réunies au continent européen, tandis que la mer Baltique n'existait pas et que le désert du Sahara formait une partie du bassin de l'Océan.

4

LES ORIGINES

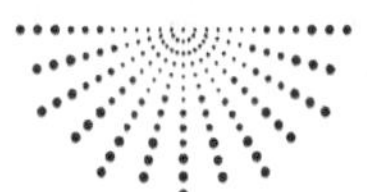

Quelques mots doivent être dits sur les Manous, à propos de ce qui a trait à l'origine d'une race racine. Dans le procès-verbal n° 26 de la *London Lodge,* on fait mention de l'œuvre de ces êtres vraiment supérieurs ; cette œuvre comprend non seulement la création des types du Manvantara tout entier, mais encore la direction, la formation et l'éducation de chaque race racine, en particulier. La citation suivante se rapporte à cette question : « Il existe aussi des Manous, dont le devoir consiste à agir d'une manière semblable avec chaque race racine de chaque planète de la même ronde ; le Manou semence créant les types inaugurés par chaque race racine successivement, et le Manou racine s'incarnant dans la nouvelle race pour être son guide, son instructeur, pour diriger son développement et assurer son progrès. »

Quant à la manière dont est effectuée, par le Manou directeur, la séparation nécessaire des types supérieurs, il en sera parlé plus tard, ainsi que de sa sollicitude pour le groupe en développement. Il suffira pour le moment de mentionner le mode de procéder.

La sélection destinée à produire la quatrième race racine s'est effectuée, sans doute, sur le continent connu sous le nom de Lémurie, parmi l'une des sous-races de la troisième race racine.

En suivant l'histoire de la race à travers les quatre périodes représentées par les quatre cartes, on peut diviser le sujet de la manière suivante :

- 1° Origine et répartition territoriale des différentes sous-races ;
- 2° Institutions politiques qu'elles ont respectivement développées ;
- 3° Leurs migrations dans d'autres parties du monde ;
- 4° Arts et Sciences qu'elles ont développés ;
- 5° Mœurs et Usages qu'elles adoptèrent ;
- 6° Naissance et décadence des idées religieuses.

On doit donner tout d'abord les noms des différentes sous-races :

- 1. Rmoahal.
- 2. Tlavatli.
- 3. Toltèque.
- 4. Première sous-race touranienne.
- 5. Sémite primitive.
- 6. Akkadienne.
- 7. Mongole.

Il est nécessaire de donner quelques explications sur le choix de ces noms.

Partout où les ethnologues modernes ont pu trouver

des traces de l'une de ces sous-races, reconnaître l'origine de quelques-unes d'entre elles, le nom qu'ils leur ont donné est employé pour la commodité du langage ; mais quant à ce qui est des deux premières sous-races, la science ne peut retrouver que très difficilement leur trace ; pour cette raison, on a adopté les noms par lesquels ces races se désignaient elles-mêmes.

5

ORIGINE ET RÉPARTITION TERRITORIALE DES DIFFÉRENTES SOUS-RACES

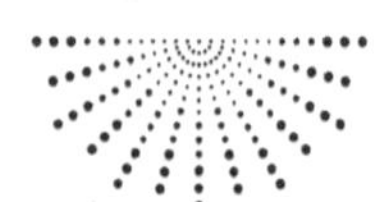

L'époque représentée par la carte n° 1 nous montre la surface de la terre, comme elle existait il y a environ un million d'années ; mais la race Rmoahal apparut il y a à peu près quatre ou cinq millions d'années. À cette époque, une grande partie du grand continent méridional de la Lémurie existait encore, tandis que le continent Atlantide n'avait pas encore atteint les dimensions qu'il atteignit plus tard. C'est sur un des contreforts de la Lémurie que naquit la race Rmoahal. Cette contrée peut être approximativement délimitée par le 7e degré de latitude nord et le 5e degré de longitude ouest, ce qui, sur un atlas moderne, correspond aux rivages du pays des Achantis.

C'était une contrée chaude et humide, peuplée d'énormes animaux antédiluviens qui habitaient de profonds marécages et de sombres forêts, dont on retrouve des restes fossiles, de nos jours, dans les carrières de houille. Les Rmoahals étaient une race au teint foncé d'un brun d'acajou ; leur taille, dans ces temps primitifs, était de 10 à 12 pieds environ, une race de géants, en vérité ; mais, au cours des siècles, leur stature diminua, ainsi qu'il arrive d'ailleurs pour toutes les autres races ; et, plus tard, on la trouve descendue jusqu'aux dimensions de « l'homme de Furfooz ». Ils émigrèrent finalement sur les côtes méridionales de l'Atlantide, où ils guerroyaient sans cesse contre les sixième et septième sous-races des Lémuriens, qui habitaient alors la contrée. Une grande partie de la tribu se dirigea plus tard vers le Nord, tandis que les autres s'installèrent définitivement et se croisèrent avec la race noire des Lémuriens. Il en résulta qu'à l'époque dont nous parlons, – époque qui correspond à la première carte, – il ne restait plus de race pure dans le Sud ; et, ainsi que nous le verrons plus tard, c'est parmi ces races noires, habitant les provinces équatoriales et l'extrême sud du continent, que les conquérants toltèques recrutèrent plus tard leurs esclaves.

Les survivants de la race Rmoahal cependant gagnèrent les promontoires nord-ouest, contigus à l'Islande, et ils demeurèrent dans cette contrée pendant des générations innombrables ; leur teint s'éclaircit alors graduellement, et à l'époque qui correspond à peu près à la première carte, cette race apparaît relativement belle. Plus tard, leurs descendants devinrent – au moins nominalement – les sujets des rois sémites.

De ce qu'ils habitèrent cette contrée pendant plusieurs générations, il ne s'ensuit pas qu'ils vécurent toujours paisibles, car la force des circonstances les obligea, à différentes reprises, à reculer vers le Sud. Le froid des époques glaciaires agit sur cette race tout autant, naturellement, que sur les autres. Mais les quelques mots que nous avons à dire sur ce sujet trouveront précisément leur place ici.

Sans approfondir la question des différents mouvements de rotations particulières à notre globe et des variations qui surviennent dans l'excentricité de son orbite, variations qui sont souvent considérées comme les causes des périodes glaciaires, il est un fait – reconnu déjà par quelques astronomes – c'est qu'une période glaciaire, de plus courte durée, se reproduit environ tous les trente mille ans. Mais dans l'histoire de l'Atlantide il y eut en outre deux époques, pendant lesquelles la ceinture de glace dévasta non seulement les régions du Nord, mais envahit encore le continent tout entier, forçant tous les êtres vivants à émigrer vers les contrées équatoriales.

La première de ces migrations eut lieu à l'époque des Rmoahals il y a environ trois millions d'années, tandis que la seconde eut lieu au temps des Toltèques, il y a environ huit cent cinquante mille ans.

Au sujet des époques glaciaires, il faut remarquer que, bien que les habitants des contrées septentrionales fussent obligés pendant l'hiver de s'établir plus au sud, loin de la ceinture de glace, ils pouvaient pendant l'été revenir dans certaines contrées où ils s'occupaient de la chasse jusqu'au moment où, refoulés par l'approche de l'hiver, ils retournaient de nouveau vers le sud.

Le pays d'origine des Tlavatlis, ou de la deuxième sous-race, était une île située sur la côte occidentale de l'Atlantide ; ce pays est indiqué sur la première carte par le chiffre 2. De là les Tlavatlis se dispersèrent dans l'Atlantide proprement dite, principalement vers le centre du continent, mais en remontant peu à peu au nord vers la côte qui s'étendait en face du Groenland.

C'était physiquement une race puissante et hardie, au teint rouge brun, mais de taille moindre que les Rmoahals, qu'elle chassa beaucoup plus loin, vers le nord. Ce peuple aimait les montagnes ; et ses principaux centres se trouvaient dans les parties montagneuses de l'intérieur, c'est-à-dire dans les environs de la contrée qui devint plus tard l'île de Poséïdon, ainsi que l'on peut le constater en comparant les cartes 1 et 4.

À l'époque que représente la première carte, les Tlavatlis peuplaient – comme on vient de le dire – les côtes nord du continent, tandis qu'une race mêlée venant du croisement des Tlavatlis et des Toltèques habitait les îles occidentales qui constituèrent plus tard une partie du continent américain.

Nous arrivons maintenant à la race Toltèque, ou troisième sous-race. Celle-ci atteignit un développement magnifique. Elle régna sur tout le continent de l'Atlantide pendant plusieurs mille ans, jouissant d'une grande puissance et d'un grand pouvoir matériel.

En effet, cette race était si forte et si pleine de vitalité que les croisements qui se produisirent par la suite avec les sous-races ne parvinrent pas à modifier son type, qui demeura essentiellement toltèque, et après plusieurs centaines de mille ans nous retrouvons une des plus anciennes familles de cette race régnant avec splendeur au Mexique et au Pérou, de longs siècles avant que ses descendants dégénérés fussent conquis par les tribus plus cruelles des Aztèques du Nord. Cette race avait aussi le teint rouge brun, mais ils étaient plus rouges ou mieux plus cuivrés que les Tlavatlis. Ils étaient aussi de haute taille ; celle-ci atteignait environ huit pieds à l'époque de leur développement ; avec le temps elle s'amoindrit, comme celle de toutes les races, jusqu'aux dimensions qui sont communes à l'homme aujourd'hui.

Le type était supérieur à celui des deux sous-races précédentes ; les traits étaient réguliers, bien marqués, peu différents de ceux des anciens Grecs.

Le lieu d'origine de cette race peut être indiqué, approximativement, par le point qui, sur la première carte, porte le n° 3. Il était situé près de la côte occidentale de l'Atlantide, vers le 30e degré de latitude nord ; toutes les contrées avoisinantes s'étendant sur toute la côte occidentale du continent étaient peuplées par une race toltèque tout à fait pure. Mais, ainsi que nous le verrons plus loin, en parlant de leur organisation politique, leur territoire s'étendit par la suite sur le continent tout entier ; et c'est de leur grande capitale située sur la côte orientale que les empereurs toltèques exerçaient leur autorité presque universelle.

Ces trois premières sous-races sont connues sous le nom de « races rouges ». Il n'y eut tout d'abord aucun mélange entre elles et les quatre races qui suivirent.

Ces quatre races, bien que très différentes les unes des autres, sont appelées races « jaunes » ; cette couleur peut en effet assez bien définir le teint des Touraniens et des Mongols. Quant aux Sémites et aux Akkadiens, ils avaient plutôt le teint blanc.

Les Touraniens, qui forment la quatrième sous-race, étaient originaires de la côte orientale du continent, au sud des contrées montagneuses habitées par le peuple Tlavatli.

Cet endroit est indiqué sur la carte 1 par le n° 4. Les Touraniens étaient des colons venus aux temps les plus reculés ; et un grand nombre d'entre eux émigrèrent vers les contrées situées à l'orient de l'Atlantide. Ils ne dominèrent jamais sur le continent, bien que quelques-unes de leurs tribus et quelques familles de cette race soient devenues très puissantes.

Les grandes régions centrales du continent situées à l'ouest et au sud de la contrée montagneuse habitée par les Tlavatlis n'étaient pas leur domaine exclusif, car ils partageaient ces contrées avec les Toltèques.

On parlera plus tard des curieux essais politiques et sociaux tentés par cette race.

En ce qui concerne la race sémite primitive ou cinquième sous-race, les ethnologues ont été quelque peu déconcertés, ce qui est très compréhensible étant donnée la complète insuffisance des dates sur lesquelles ils se basent. Cette sous-race était originaire de la contrée montagneuse qui formait la partie méridionale des deux presqu'îles nord-est, et qui, ainsi que nous l'avons vu, est représentée actuellement par l'Écosse, l'Irlande et quelques-unes des mers environnantes. L'endroit est désigné par le n° 5 de la carte n° 1.

Dans cette partie la moins agréable du grand continent, la race se développa et fleurit pendant des siècles en maintenant son indépendance contre les rois belliqueux du Sud jusqu'au moment où, à son tour, elle se répandit au dehors et forma des colonies.

Il ne faut pas oublier que des centaines de mille ans s'étaient écoulées pendant que se développait la puissance des Sémites et que l'époque indiquée par la deuxième carte avait été atteinte. C'était une race inquiète et turbulente, continuellement en guerre avec ses voisins, et surtout avec la puissance alors grandissante des Akkadiens.

Le lieu d'origine des Akkadiens ou de la sixième sous-race est indiqué sur la carte n° 2 (par le n° 6), car cette race n'apparut qu'après la grande catastrophe d'il y a huit cent mille ans. Elle prit naissance dans une contrée à l'est de l'Atlantide située à peu près au centre de la grande presqu'île, dont l'extrémité sud-est s'étendait vers l'ancien continent. L'endroit peut être placé approximativement entre le 42e degré de latitude nord et le 10e degré de longitude est. Cependant ils ne se confinèrent pas longtemps dans leur pays d'origine ; ils envahirent le continent de l'Atlantide, alors déjà diminué. Ils livrèrent plusieurs batailles aux Sémites sur terre et sur mer et des flottes considérables ont été détruites de part et d'autre. Enfin, il y a cent mille ans, les Sémites furent complètement vaincus et une dynastie akkadienne installée dans l'ancienne capitale sémite régna avec sagesse sur la contrée pendant plusieurs centaines d'années. Ce fut un grand peuple commerçant, navigateur et colonisateur ; il établit plusieurs centres de communication avec les pays éloignés.

La race mongolienne, ou septième sous-race, paraît avoir été la seule qui n'eut aucune relation avec le continent primitif. Originaire des plaines de la Tartarie (indiquées sur la deuxième carte par le n° 7), placée environ entre le 63e degré de latitude nord et le 140e degré de longitude est, cette race descendit directement de la race touranienne qu'elle remplaça graduellement dans la plus grande partie de l'Asie. Cette sous-race multiplia énormément ; et même, de nos jours, la majorité des hommes qui peuplent la terre s'y rattache, bien que plusieurs de ses branches soient si profondément colorées par le sang des races primitives qu'on peut à peine les distinguer entre elles.

Dans un aperçu aussi sommaire que celui-ci, il est impossible d'expliquer comment chaque sous-race dans la suite s'est subdivisée en plusieurs nations, chacune de ces dernières ayant son type et ses caractéristiques.

6
INSTITUTIONS POLITIQUES

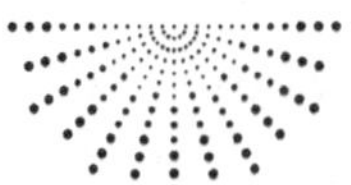

Tout ce que l'on peut essayer de faire ici, c'est d'esquisser à grands traits les institutions politiques diverses qui marquèrent les grandes époques de la race. – Tout en reconnaissant que chaque sous-race, de même que chaque race racine, est destinée à atteindre, sous certains rapports, un niveau plus élevé que la race qui l'a précédée, il faut observer que la nature cyclique qui préside à tout développement conduit chaque race, de même que chaque homme, à travers les phases diverses de l'enfance, de la jeunesse et de l'âge mûr pour la ramener à l'enfance de la vieillesse. On entend nécessairement par évolution le progrès final ; cependant le retour en arrière de la spirale ascendante semble présenter la marche de l'histoire politique et religieuse des peuples, non seulement comme orientée vers le développement et le progrès, mais aussi vers le retour en arrière et la décadence.

C'est pourquoi, en constatant que la première sous-race se développa sous les auspices du gouvernement le plus parfait que l'on puisse concevoir, on doit comprendre que cela lui fut donné à cause des besoins de son enfance, et que ce ne fut pas là le résultat des expériences de l'âge mûr. Car les Rmoahals étaient incapables de développer aucun plan de gouvernement stable ; ils n'atteignirent jamais non plus un point de développement aussi élevé que la sixième et la septième sous-race des Lémuriens. Mais le Manou qui avait effectué la sélection, et qui s'était incarné dans la race, la dirigeait comme un roi ; et, lorsqu'il ne prenait plus une part visible dans le gouvernement de la race, des Adeptes ou Instructeurs divins étaient envoyés vers la communauté naissante, lorsque cela était nécessaire.

Ainsi que les étudiants en théosophie le savent, notre humanité n'avait pas alors atteint le degré de développement auquel correspond l'apparition des Adeptes complètement initiés. Aussi les instructeurs mentionnés plus haut, y compris le Manou lui-même, étaient-ils nécessairement le produit de l'évolution d'autres systèmes planétaires. – Les Tlavatlis manifestèrent quelques signes de progrès dans l'art de gouverner.

Leurs différentes tribus ou nations furent généralement gouvernées par des chefs ou des rois qui étaient élus par la voix du peuple. De cette manière naturellement, les individus les plus puissants et les plus grands guerriers furent élus. Un empire considérable fut établi éventuellement parmi eux ; un roi en devint le chef nominal, mais sa souveraineté était plutôt une autorité titulaire qu'une autorité effective.

Ce fut la race toltèque qui développa la plus haute civilisation et qui organisa le plus puissant de tous les empires parmi les peuples de l'Atlantide ; c'est alors que fut établi pour la première fois le principe de la succession héréditaire.

Cette race était tout d'abord divisée en un grand nombre de petits royaumes indépendants, constamment en guerre les uns contre les autres et s'unissant seulement dans leurs luttes contre les Lémurio-Rmoahals du Sud. Ceux-ci furent graduellement conquis et plusieurs de leurs tribus furent réduites en esclavage. Cependant, il y a un million d'années environ, ces royaumes séparés se réunirent en une seule grande fédération à la tête de laquelle se trouvait un empereur. Cela ne fut amené sans doute qu'à la suite de longues guerres ; mais il s'ensuivit une ère de paix et de prospérité pour la race.

Il faut rappeler qu'à cette époque la plupart des hommes possédaient encore des facultés psychiques, et que les plus avancés d'entre eux avaient été soumis à l'entraînement et à l'enseignement des écoles occultes ; ils avaient atteint des degrés divers d'initiation ; quelques-uns même étaient parvenus à l'Adeptat. C'est ainsi que le second empereur était un Adepte, et que pendant plusieurs milliers d'années la dynastie divine dirigea non seulement tous les royaumes de l'Atlantide, mais encore ceux des îles situées à l'ouest, de même que ceux qui s'étaient formés dans la partie méridionale du pays voisin situé vers l'Orient. Lorsque cela était reconnu nécessaire, la dynastie se recrutait dans la loge des Initiés, mais généralement le pouvoir se transmettait de père en fils ; car tous étaient plus ou moins qualifiés pour le recevoir ; le fils recevait quelquefois même un degré supérieur des mains de son père.

Pendant toute cette époque, les instructeurs initiés entretenaient des relations avec la Hiérarchie occulte qui gouverne le monde, se soumettaient à ses lois et agissaient conformément à ses plans. Ce temps fut l'âge d'or de la race toltèque. Le gouvernement était juste et bienfaisant ; les arts et les sciences étaient cultivés ; – et ceux qui travaillaient dans ces voies, guidés comme ils l'étaient par la connaissance occulte, atteignirent, à la vérité, des résultats prodigieux. La croyance religieuse et les rites étaient relativement purs ; en somme la civilisation de l'Atlantide avait atteint en ce temps-là son point culminant.

Après environ cent mille ans de cet âge d'or, la dégénérescence et la décadence de la race se manifestèrent. Plusieurs des rois tributaires et une grande partie des prêtres et du peuple cessèrent d'employer leurs facultés et leurs pouvoirs selon les lois instituées par leurs divins Instructeurs, dont ils négligèrent les conseils et les enseignements. Leurs relations avec la Hiérarchie occulte furent brisées. Les intérêts personnels, la soif des richesses et de l'autorité, l'humiliation et la ruine de leurs ennemis devinrent de plus en plus le but vers lequel furent dirigés leurs pouvoirs occultes ; ceux-ci, détournés de leur adaptation légitime, et pratiqués dans des vues égoïstes et malveillantes, devinrent inévitablement ce que nous appelons la sorcellerie.

Considérons un instant la signification réelle de ce mot de *sorcellerie* qui, durant des siècles de superstition et d'ignorance, a été accueilli, d'une part, avec crédulité, de l'autre, avec dédain ; voyons aussi de quels terribles effets la pratique de la sorcellerie est suivie.

Grâce en partie à leurs facultés psychiques qui n'étaient pas encore étouffées par le matérialisme vers lequel la race s'achemina plus tard, et en partie à l'acquisition de notions scientifiques dont le développement marqua l'apogée de la civilisation atlantéenne, les membres les plus intelligents et les plus énergiques de la race obtinrent graduellement la connaissance des lois de la nature et ils acquirent un contrôle de plus en plus parfait sur ses forces cachées.

La profanation de cette connaissance et son emploi dans un but égoïste constituent ce qu'on appelle la sorcellerie. Les effets terribles d'une pareille profanation se montrèrent dans les catastrophes épouvantables qui atteignirent cette race. Car, dès que les pratiques de la magie noire eurent pris naissance, elles s'étendirent tout alentour. La direction spirituelle supérieure ayant ainsi été retirée, le principe kamique, qui, étant le quatrième, atteignit naturellement son zénith pendant la durée de la quatrième race, s'affirma de plus en plus dans l'humanité. La luxure, la brutalité, la férocité allaient en augmentant et la nature animale de l'homme se manifestait de la manière la plus dégradante. Depuis les temps les plus reculés, une question de morale divisait la race atlantéenne en deux camps hostiles ; ce qui avait commencé à l'époque rmoahal s'accentuait de plus en plus dans l'ère toltèque. La bataille d'Armageddon fut livrée plusieurs fois à chaque époque de l'histoire.

Ne voulant plus se soumettre au sage gouvernement des empereurs initiés, les partisans de la « magie noire » se révoltèrent et élevèrent au pouvoir un empereur rival ; celui-ci, après de grandes luttes et de grandes batailles, chassa l'empereur blanc hors de sa capitale appelée « la ville aux Portes d'Or » et le remplaça sur le trône.

L'empereur blanc chassé vers le nord s'installa de nouveau dans une ville fondée par les Tlavatlis ; cette ville, située dans la partie méridionale du district montagneux, était alors le siège d'une des royautés tributaires toltèques.

Le roi accueillit joyeusement l'empereur blanc et mit la ville à sa disposition.

Plusieurs autres rois tributaires lui demeurèrent également fidèles ; mais la plupart firent acte de soumission au nouvel empereur qui régnait dans l'ancienne capitale. Ceux-ci, cependant, ne demeurèrent pas longtemps fidèles.

Ils manifestèrent constamment des velléités d'indépendance ; des batailles continuelles étaient livrées dans différentes parties de l'empire, et pour augmenter les pouvoirs de destruction que possédaient les armées, on eut largement recours à la pratique de la sorcellerie.

Ces événements se passèrent cinquante mille ans environ avant la première grande catastrophe.

À partir de cette époque, les choses allèrent toujours plus mal. Les sorciers usaient de leur pouvoir avec témérité et le nombre des personnes capables d'acquérir et de pratiquer cette terrible *magie noire* allait toujours en augmentant.

C'est alors que survint le terrible châtiment qui fit périr des millions et des millions d'hommes. La grande « Cité aux Portes d'Or » était devenue à cette époque un repaire d'iniquités. Elle fut balayée par les vagues, ses habitants furent engloutis, tandis que l'empereur noir et sa dynastie furent renversés pour ne plus jamais se relever.

L'empereur du nord de même que les prêtres initiés dans tout le continent avaient été prévenus du désastre qui menaçait le pays ; on verra dans les pages suivantes l'exposé des nombreuses émigrations qui précédèrent cette catastrophe ainsi que celles qui survinrent plus tard ; ces émigrations étaient conduites par les prêtres.

Le continent fut donc affreusement dévasté. Mais la totalité du territoire submergé ne représenta pas tout le dommage occasionné, car des marées périodiques balayèrent de grands espaces, laissant après elles de vastes marécages désolés. Des contrées entières devinrent stériles et demeurèrent incultes et désertes pendant plusieurs générations.

La population qui survécut reçut encore de sévères avertissements. On les respecta et pendant quelque temps la sorcellerie fut beaucoup moins pratiquée. Une période assez longue s'écoula avant qu'un gouvernement puissant soit établi. Une dynastie sémite de sorciers s'empara un instant du trône dans la « Cité aux Portes d'Or ».

Aucune puissance toltèque ne dirigea les peuples à l'époque indiquée par la seconde carte. Il y avait encore de nombreuses populations toltèques, mais la race pure avait disparu du continent primitif.

Cependant, sur l'île de Routa, à l'époque qui correspond à la troisième carte, une dynastie toltèque s'éleva au pouvoir et gouverna – à l'aide de ses rois tributaires – une grande partie de l'île. Cette dynastie s'adonnait à la magie noire, qui se développa de plus en plus pendant les quatre périodes, jusqu'à ce que, enfin, elle amenât une catastrophe inévitable, qui, dans une grande mesure, purifia le monde de ce mal monstrueux. Il importe de bien comprendre que, jusqu'à la fin, jusqu'à la disparition de Poséïdonis, un empereur ou roi initié – ou tout au moins l'un de ceux qui suivaient la « bonne loi » – garda le pouvoir dans quelque partie du continent, agissant sous la direction de la Hiérarchie occulte, réprimant, lorsque cela était possible, l'action des mauvais sorciers et guidant et instruisant la petite minorité disposée encore à mener une vie pure et salutaire. Plus tard, cet empereur « blanc » fut généralement élu par les prêtres, c'est-à-dire par la poignée d'hommes qui suivaient la « bonne loi ».

Il ne reste que peu à dire sur les Toltèques. Dans l'île de Poséïdonis, la population était plus ou moins mélangée. Deux royaumes et une petite république située à l'ouest se partageaient l'île. La partie septentrionale était gouvernée par un roi initié, tandis que dans le sud le principe héréditaire avait fait place à l'élection par le peuple. Les races dynastiques disparaissaient, mais des rois d'origine toltèque s'emparaient parfois du pouvoir dans le nord, aussi bien qu'au midi ; le royaume du nord étant constamment amoindri au bénéfice de son rival du sud, et son territoire insensiblement annexé.

Après avoir traité assez longuement de l'état des choses sous la race toltèque, nous ne nous arrêterons pas longtemps aux principales caractéristiques politiques des quatre sous-races qui suivirent ; car aucune d'elles n'atteignit le degré de civilisation auquel parvinrent les Toltèques : la dégénérescence de la race commençait en effet à apparaître. Il semble que les tendances de la race touranienne l'aient portée à développer une sorte de système féodal. Chaque chef exerçait le pouvoir suprême sur son propre territoire et le roi n'était que le *primus inter pares.* Les chefs qui formaient le conseil massacrèrent parfois leur roi pour mettre à sa place un des leurs. C'était une race turbulente et indisciplinée, en même temps que brutale et cruelle ; le fait que des régiments de femmes prirent part à la guerre à certaines périodes de leur histoire caractérise leur état de barbarie.

Mais l'expérience la plus intéressante faite par cette race au point de vue social, expérience qui, en dépit de son origine politique, trouverait plus naturellement sa place sous la rubrique « mœurs et coutumes », est le fait le plus curieux qui se rencontre dans leurs annales. Étant toujours battus dans leurs guerres avec les Toltèques, leurs voisins, qui les surpassaient en nombre, et désireux, avant tout, de voir augmenter leur population, les Touraniens édictèrent une loi, d'après laquelle tout homme était délivré de l'obligation d'entretenir sa famille. L'État prenait les enfants à sa charge et ceux-ci étaient regardés comme lui appartenant. Cette loi eut pour résultat d'augmenter le nombre des naissances parmi les Touraniens et l'on commença à s'écarter du mariage ; puis les liens de famille disparurent naturellement, de même que l'affection des parents. Enfin, ayant reconnu que ce système était une erreur, on l'abandonna. D'autres recherches vers des solutions sociales aux problèmes économiques qui nous préoccupent encore aujourd'hui furent tentées et abandonnées par cette race. Les Sémites primitifs, race querelleuse, maraudeuse et énergique, tendirent toujours vers une forme de gouvernement patriarcale. Leurs colons, qui généralement gardaient un genre de vie nomade, formèrent un empire considérable et possédèrent la grande « ville aux Portes d'Or », vers l'époque indiquée par la seconde carte. Cependant, ainsi que nous l'avons vu, ils durent à la fin reculer devant le pouvoir croissant des Akkadiens.

À l'époque qui correspond à la troisième carte, il y a environ cent mille ans, les Akkadiens renversèrent définitivement le pouvoir des Sémites. Cette sixième sous-race fut beaucoup plus policée que celles qui l'avaient précédée. Commerçants et marins, ces peuples formèrent des communautés stables et adoptèrent naturellement une forme de gouvernement oligarchique.

Un trait particulier, dont Sparte offre seul un exemple dans les temps modernes, est le système de gouvernement qu'ils adoptèrent parfois où deux rois régnaient dans une seule ville. L'observation des étoiles – provenant sans doute de leur goût pour les expéditions maritimes – devint leur occupation favorite. Aussi cette race fit-elle de grands progrès en astronomie et en astrologie.

Le peuple mongol fut supérieur à ses prédécesseurs immédiats, les Touraniens brutaux. Nés dans les vastes steppes de la Sibérie orientale, ils n'eurent jamais aucune relation avec le continent primitif ; sous l'influence du milieu, ils devinrent nomades. Plus développés, sous le rapport psychique et religieux, que les Touraniens dont ils descendaient, la forme de gouvernement à laquelle ils aspirèrent exigeait comme base un chef suprême, qui soit tout à la fois le maître du pouvoir temporel et du pouvoir spirituel.

7
ÉMIGRATIONS

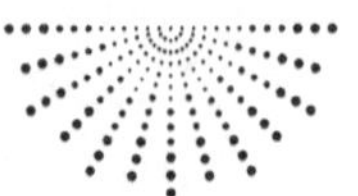

Trois causes contribuèrent à produire des émigrations. La race touranienne, ainsi que nous l'avons vu, fut dès le début poussée par le désir de coloniser, et coloniser sur une échelle très considérable. Les Sémites et les Akkadiens furent aussi, à un certain degré, une race colonisatrice.

Avec le temps, la population augmentant de plus en plus, la nécessité obligea les moins favorisés de chaque race à chercher les moyens d'existence dans des contrées habitées par une population moins dense. Car il faut se rappeler que, lorsque les Atlantes atteignirent leur zénith pendant l'ère toltèque, la proportion de la population par mètre carré sur le continent de l'Atlantide égalait probablement, si même, elle ne la dépassait pas, celle de la population de l'Angleterre et de la Belgique actuelle.

Il est certain, en tout cas, que les contrées propres à la colonisation étaient beaucoup plus vastes qu'elles ne le sont de notre temps ; tandis que le total de la population, qui, de nos jours, ne dépasse pas de douze à quinze cent millions, atteignait alors le chiffre considérable de deux mille millions.

Il y eut enfin des émigrations dirigées par des prêtres, et qui précédaient chaque catastrophe. En dehors des quatre catastrophes principales mentionnées plus haut, il y en eut encore un grand nombre. Les rois initiés et les prêtres qui suivaient « la bonne loi » étaient informés à l'avance des calamités qui menaçaient le pays. Ainsi chacun d'eux fut comme le centre des avertissements prophétiques et il devint finalement le chef d'un groupe de colons. Il faut remarquer ici que, dans les derniers temps, les chefs de la contrée devinrent hostiles aux émigrations dirigées par des prêtres, car ces émigrations avaient pour conséquence l'appauvrissement et la dépopulation de leurs royaumes.

Les émigrants furent alors souvent obligés de s'embarquer secrètement pendant la nuit.

En retraçant rapidement le courant d'émigration suivi par chacune des sous-races, nous parviendrons nécessairement jusqu'aux contrées que leurs descendants respectifs occupent de nos jours.

Pour les premières émigrations, nous devons revenir aux temps des Rmoahals. Il ne faut pas oublier que seuls ceux qui habitaient les côtes du nord-est s'étaient préservés de tout croisement avec d'autres races. Traqués sur les côtes méridionales et chassés vers le nord par les guerriers tlavatlis, les Rmoahals commencèrent d'envahir la contrée voisine à l'est, se dirigeant vers le promontoire de Groenland. À l'époque indiquée sur la deuxième carte, il n'existait plus de Rmoahals purs sur le continent primitif, considérablement diminué ; mais le promontoire septentrional du continent, qui maintenant apparaissait à l'ouest, fut occupé par eux, de même que le cap de Groenland déjà mentionné et les côtes occidentales de la grande île scandinave. Il y avait aussi une colonie dans la contrée située au nord de la mer centrale d'Asie.

La Bretagne et la Picardie formaient alors une partie de l'île scandinave ; plus tard l'île elle-même, à l'époque indiquée par la troisième carte, fut réunie au continent de l'Europe en formation.

C'est en France qu'on a retrouvé les restes de cette race dans les couches quaternaires ; et le spécimen de brachycéphale ou tête ronde, connu sous le nom de « l'homme de Furfooz », peut être considéré comme le type moyen de la race au moment de sa décadence.

Obligés plusieurs fois de redescendre vers le sud par les rigueurs d'une époque glaciale, repoussés souvent de nouveau vers le nord par leurs puissants voisins, les représentants disséminés et dégradés de cette race se retrouvent de nos jours dans les Lapons contemporains, quoique ceux-ci ne soient plus de race pure. Et ainsi, ces représentants pâles et dégénérés de l'humanité sont les descendants directs de cette race noire de géants qui apparut dans les contrées équatoriales de la Lémurie il y a quelque chose comme cinq millions d'années.

Les colons tlavatlis paraissent s'être répandus de toutes parts. À l'époque indiquée par la deuxième carte, leurs descendants étaient établis sur les côtes occidentales (Californie) du continent américain, alors en formation, en même temps que sur les côtes de l'extrême sud (Rio-de-Janeiro). Nous les trouvons aussi fixés sur les côtes orientales de la Scandinavie, tandis qu'un grand nombre d'entre eux traversaient l'Océan, contournaient l'Afrique et atteignaient les Indes. Là, s'étant mêlés à la population indigène, les Lémuriens, ils formèrent la race dravidienne. Plus tard, celle-ci se mêla à la race aryenne ou cinquième race ; ces croisements ont produit le type que l'on retrouve aux Indes de nos jours.

Nous avons ici un parfait exemple de la difficulté que

l'on rencontre lorsqu'il s'agit de déterminer les races en se basant uniquement sur les apparences physiques ; car il est très possible que « des Égos » de la cinquième race s'incarnent parmi les Brahmanes, pendant que des Égos de la quatrième race forment les castes inférieures et que quelques Égos retardataires, appartenant à la troisième race, descendent parmi les tribus montagnardes.

À l'époque indiquée par la quatrième carte, nous trouvons un peuple tlavatli occupant la partie méridionale de l'Amérique du Sud ; d'où on peut apparemment conclure que les Patagons eurent pour ancêtres éloignés des Tlavatlis.

Les restes de cette race ont été, comme ceux de la race rmoahale, retrouvés dans les couches quaternaires de l'Europe centrale ; et « l'homme de Cro-Magnon », dolichocéphale[1], peut être considéré comme le type moyen de la race au moment de sa décadence ; tandis que « les habitants lacustres » de la Suisse représentent une souche plus primitive et d'un sang moins pur. C'est parmi les tribus peaux-rouges dispersées dans l'Amérique du Sud que l'on peut aujourd'hui retrouver le type le plus pur de la race tlavatli.

Les Birmaniens et les Siamois ont aussi du sang tlavatli dans les veines, mais chez eux c'est le sang aryen qui domine par suite d'un croisement avec l'une des sous-races aryennes les plus développées.

Nous arrivons maintenant aux Toltèques.

Leurs émigrations se dirigeaient principalement vers l'Occident ; et à l'époque indiquée par la seconde carte, les côtes américaines avoisinantes étaient peuplées par une race de Toltèques purs ; la plupart de ceux qui étaient restés sur le continent mère se mêlant au contraire aux autres races.

Ce fut sur les continents du nord et du sud de l'Amérique, là où des milliers d'années plus tard s'établirent les empires du Mexique et du Pérou, que la race toltèque se répandit. La puissance de ces empires est reconnue par l'histoire, ou tout au moins par la tradition que viennent corroborer de magnifiques vestiges architecturaux.

Il faut remarquer ici que, malgré la puissance et l'importance atteintes par l'empire du Mexique et conservées pendant de longs siècles, malgré le développement auquel il était arrivé en tout ce qui de nos jours encore caractérise une grande civilisation, cet empire ne parvint jamais à égaler celui des Péruviens alors que ces peuples étaient sous la domination des Incas, il y a environ quatorze mille ans. Car, en ce qui concerne le bien-être du peuple, l'administration de la justice, l'action protectrice du gouvernement, l'équitable répartition des terres de même que la pureté et la religiosité de ses habitants, l'État du Pérou, à cette époque, peut être regardé comme le reflet affaibli de l'âge d'or des Toltèques sur le continent primitif d'Atlantide.

Le Peau-Rouge du Nord et du Sud de l'Amérique est aujourd'hui le seul représentant du peuple toltèque, sans que l'on puisse naturellement le comparer aux spécimens supérieurs qui formaient la race au moment de son plus beau développement.

Parlons maintenant de l'Égypte dont l'histoire primitive pourrait se trouver tout particulièrement éclairée par l'étude de ces temps reculés.

Bien que son premier établissement dans cette contrée ne puisse être considéré absolument comme une véritable colonisation, ce fut cependant la race toltèque qui fournit à ce pays le plus grand contingent d'émigrants, destinés à se mêler au peuple autochtone et à le dominer.

Une grande Loge d'Initiés fut tout d'abord transférée en Égypte, il y a environ quatre cent mille ans. L'âge d'or des Toltèques avait depuis longtemps disparu, et la première grande catastrophe s'était déjà produite. La dégradation morale du peuple et la pratique de la « magie noire » s'étendaient de plus en plus. La Loge blanche exigeait un entourage plus pur. Or, l'Égypte se trouvait être alors une terre isolée, très peu peuplée ; et c'est pour cette raison qu'elle fut choisie.

La Loge des Initiés put ainsi poursuivre ses travaux pendant deux cent mille ans à peu près sans être troublée par les influences contraires.

Il y a deux cent mille ans environ, lorsque le temps en fut reconnu favorable, la Loge occulte fonda un empire sur lequel régna la première « Dynastie divine » de l'Égypte et commença d'instruire le peuple.

À ce moment arriva de l'Atlantide le premier grand détachement de colons, et pendant la période de dix mille ans qui s'étendit jusqu'à la seconde catastrophe, les deux grandes pyramides de Gizeh furent construites, en partie pour fournir des salles d'initiation spéciales, en partie pour servir de lieu secret où serait conservé quelque puissant talisman de domination pendant les cataclysmes cosmiques que les Initiés prévoyaient. La carte n° 3 nous montre l'Égypte submergée. Cette contrée demeura sous l'eau pendant un temps considérable.

Lorsqu'elle réapparut, elle fut repeuplée par les descendants de ses anciens habitants qui s'étaient retirés sur les montagnes de l'Abyssinie (indiquée sur la carte n° 3, comme une île) ; elle le fut aussi par de nouveaux colons atlantes, venus de tous les coins du monde. De plus, une immigration considérable d'Akkadiens contribua à modifier le type égyptien. À ce moment s'ouvre l'époque de la seconde « Dynastie divine » de l'Égypte ; des Adeptes initiés dirigent encore la contrée.

La catastrophe qui eut lieu il y a environ quatre-vingt mille ans eut pour conséquence une seconde submersion du pays ; mais elle ne fut pas de longue durée.

Quand l'eau se retira, la troisième « Dynastie divine », mentionnée par Manéthon, vint au pouvoir et ce fut sous le règne des premiers rois de cette dynastie que fut construit le grand temple de Karnak ainsi que plusieurs autres édifices dont on retrouve encore aujourd'hui les restes. En effet, à l'exception des deux pyramides, aucune construction de l'Égypte n'est antérieure à la catastrophe qui s'est produite il y a quatre-vingt mille ans.

La submersion finale de Poseïdonis entraîna aussi une inondation de l'Égypte, mais ce ne fut là encore qu'une catastrophe momentanée ; seulement elle mit fin aux Dynasties divines, car la Loge des Initiés transféra son siège dans d'autres contrées.

Différentes questions, qui n'ont pu être abordées dans cet ouvrage, ont déjà été traitées dans la *Transaction of the London Lodge* sous le titre : « les Pyramides et Stonehenge ».

Les Touraniens, qui, à l'époque indiquée par la première carte, avaient colonisé les parties septentrionales de la contrée située immédiatement à l'orient de l'Atlantide, occupèrent, vers l'époque indiquée par la seconde carte, les côtes méridionales de cette contrée (c'est-à-dire le Maroc et l'Algérie actuels).

Nous les trouvons encore se dirigeant vers l'orient, et les côtes orientales et occidentales de la mer centrale d'Asie furent peuplées par eux. Quelques-uns se dirigèrent finalement beaucoup plus loin vers l'est et le type le plus rapproché de cette race se retrouve aujourd'hui dans le centre de la Chine. Un étrange jeu du destin doit être mentionné ici relativement à leur branche occidentale.

Par un bizarre caprice de la destinée, les Touraniens, dominés à travers les âges par leurs plus puissants voisins les Toltèques, furent appelés à conquérir et à prendre la place du dernier grand empire fondé par ces derniers. Ce fut en effet une petite branche du tronc touranien qui transforma la civilisation des Aztèques en Touraniens de race pure, mais brutaux et arriérés.

Les émigrations de la race sémite furent de deux sortes : il y eut les émigrations provoquées par les tendances naturelles à la race et il y eut ensuite les émigrations particulières effectuées sous la direction spéciale du Manou ; car, bien que cela puisse paraître étrange, ce ne fut pas parmi les Toltèques, mais bien dans cette sous-race turbulente et indisciplinée des Sémites, que fut choisi le noyau destiné à former notre grande cinquième race, ou race aryenne. Il faut sans doute en chercher la raison dans la caractéristique manasique qui s'attache au chiffre cinq. La sous-race qui correspond à ce nombre devait inévitablement développer les forces cérébrales et intellectuelles aux dépens de ses forces psychiques de perception ; tandis que le même développement de l'intelligence est – dans une mesure beaucoup plus étendue – la gloire et le but de la cinquième race racine.

Examinons tout d'abord les émigrations naturelles. Nous trouvons qu'à l'époque indiquée par la deuxième carte, les Sémites, se séparant des nations puissantes installées sur le continent mère, s'étaient dispersés à l'ouest et à l'est : à l'ouest vers les contrées qui forment aujourd'hui les États-Unis ; cela explique la présence du type sémite chez quelques Indiens d'Amérique ; et à l'orient vers les côtes septentrionales du continent voisin, qui comprenait tout ce qui existait alors de l'Europe, de l'Afrique et de l'Asie. Le type des anciens Égyptiens, ainsi que celui des nations voisines, fut quelque peu modifié par le mélange du sang sémite ; et de nos jours, à l'exception des Juifs, les Kabyles au teint clair qui habitent les montagnes de l'Algérie sont les derniers représentants d'une race relativement pure.

Les tribus provenant de la séparation opérée par le

Manou pour former une nouvelle race racine se frayèrent un chemin vers les côtes méridionales de la mer centrale d'Asie ; c'est là que fut fondé le premier grand empire aryen. Lorsque les travaux de la *London Lodge* concernant l'origine d'une race racine seront terminés, on comprendra que les peuples que nous appelons Sémites sont véritablement Aryens, quant au sang. On comprendra aussi le sens de cette prétention des Hébreux à être considérés comme « un peuple élu ». On peut poser en fait qu'ils constituent un lien anormal et peu naturel entre la quatrième race racine et la cinquième.

Bien qu'ils soient devenus plus tard les dominateurs sur le continent primitif d'Atlantide, les Akkadiens, ainsi que nous l'avons vu, apparurent à l'époque indiquée par la seconde carte, sur le continent voisin, c'est-à-dire sur ce continent qui se trouvait à la place occupée aujourd'hui par le bassin de la Méditerranée ; l'île de Sardaigne actuelle étant leur principal habitat.

Ils rayonnèrent de là vers l'orient, occupèrent ce qui devint les Échelles du Levant et arrivèrent jusqu'en Perse et en Arabie.

Ainsi que nous l'avons vu, ils contribuèrent aussi à peupler l'Égypte. Les premiers Étrusques, les Phéniciens, y compris les Carthaginois et les Shumero-Akkadiens, étaient des branches de cette race, et les Basques d'aujourd'hui ont probablement beaucoup de sang akkadien dans les veines.

Il est nécessaire de mentionner ici les habitants primitifs de notre île[2] ; car c'est au début de l'époque akkadienne, il y a environ cent mille ans, que Stonehenge fut fondé par une colonie d'Initiés qui débarquèrent sur ces côtes, c'est-à-dire sur les rivages de la partie scandinave d'Europe, ainsi que cela est indiqué par la carte n° 3.

Les prêtres initiés et ceux qui les accompagnaient paraissent avoir appartenu à une branche primitive de la race akkadienne ; ils étaient plus grands, plus blonds que les autochtones ; leur tête était plus allongée que chez ces derniers ; ceux-ci formaient une race très mélangée, composée des principaux descendants dégénérés des Rmoahals.

Ainsi que le verront ceux qui liront les travaux de la *London Lodge,* concernant les « pyramides et Stonehenge », la rude simplicité qui régnait à Stonehenge était une protestation contre l'ornementation extravagante et la décoration exagérée des temples de l'Atlantide, dont les habitants professaient le culte dégradant de leur propre image.

Les Mongoliens, comme nous l'avons vu, n'eurent jamais de rapports avec le continent primitif. Originaires des grandes plaines de la Tartarie, leurs émigrations trouvaient un champ assez vaste dans l'intérieur même de cette contrée.

Mais plus d'une tribu de race mongole a passé du nord de l'Asie en Amérique, à travers le détroit de Béring ; et la dernière de ces émigrations – celle des Kitans, il y a environ mille trois cents ans – a laissé des traces que des savants occidentaux ont pu retrouver. La présence du sang mongol dans certaines tribus des Indiens de l'Amérique du Nord a aussi été reconnue par différents ethnologues. Les Hongrois et les Malais sont considérés comme provenant d'un rameau de cette race ; les premiers furent relevés par leur croisement avec les Aryens, tandis que d'autre part les seconds étaient dégradés par leur croisement avec la race épuisée des Lémuriens. Il est intéressant de constater que, chez les Mongols, la dernière famille de cette race est encore en pleine force. Elle n'a même pas encore en fait atteint le zénith de son développement ; la nation japonaise n'a pas encore terminé le cycle de son existence.

---

1. Les étudiants en géologie et en paléontologie savent que ces sciences considèrent « l'homme de Cro-Magnon » comme antérieur à « l'homme de Furfooz ». Étant donné que les deux races existèrent simultanément pendant de longues périodes, il est très possible que le squelette du « Cro-Magnon », quoique appartenant à la seconde race, ait été déposé dans les couches quaternaires plusieurs milliers d'années avant la naissance de « l'homme de Furfooz » lui-même.
2. L'Angleterre.

8

SCIENCES ET ARTS

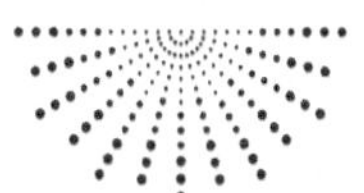

Il faut reconnaître, tout d'abord, que notre propre race aryenne a atteint des résultats beaucoup plus considérables, sous tous les rapports, que ceux qu'atteignirent les Atlantéens.

Mais, là même où ils ne s'élevèrent pas jusqu'à notre niveau de civilisation, l'étude de ce qu'ils tentèrent est intéressante comme représentant à l'esprit l'ensemble des points culminants atteints à cette époque reculée. D'autre part, le caractère de leurs acquisitions dans le domaine des sciences – par lesquelles ils surpassèrent nos connaissances actuelles – est si surprenant, qu'un sentiment d'étonnement saisit l'étudiant en présence d'un développement de civilisation si inégal dans ses manifestations.

Les arts et les sciences cultivés par les deux premières races étaient naturellement très imparfaits ; et nous n'avons pas l'intention de suivre le progrès atteint par chaque race en particulier.

L'histoire de la race atlantéenne, de même que celle de la race aryenne, est traversée par des époques de progrès auxquelles succèdent des époques de décadence. Le développement artistique et scientifique disparaissait complètement pendant certaines périodes, lesquelles étaient suivies par une ère de civilisation très élevée. Les remarques qui vont suivre se rapporteront naturellement à ces dernières périodes, parmi lesquelles la grande époque toltèque tient la première place.

L'architecture, la sculpture, la peinture et la musique étaient cultivées dans l'Atlantide. La musique, même aux meilleures époques, n'était que très imparfaite, et les instruments employés, de forme tout à fait primitive. Toutes les races atlantéennes aimaient les couleurs brillantes, et leurs maisons – à l'intérieur comme à l'extérieur – étaient décorées de tons éclatants ; mais l'art de la peinture ne fut jamais développé, bien que, durant les dernières périodes, un genre de dessin et de peinture fût enseigné dans les écoles. La sculpture, au contraire, enseignée dans les écoles, était très assidûment cultivée ; elle atteignit un degré de perfection très grand. Comme nous le verrons plus tard, au chapitre de la « Religion », chaque personne qui en avait le moyen avait coutume de placer son image dans l'un des temples. Ces images étaient parfois sculptées dans le bois ou dans une pierre dure, pareille au basalte ; mais, chez les riches, la mode se créa de faire couler leurs statues en l'un des métaux précieux : l'orichalque, l'or ou l'argent. On parvenait, dans ce cas, à obtenir une très grande ressemblance avec l'original.

Parmi les arts, l'architecture était le plus répandu. Les édifices étaient de massives constructions aux proportions gigantesques. Les maisons d'habitation, dans les villes, n'étaient pas, comme les nôtres, entassées, serrées les unes contre les autres dans des rues ; mais, de même que leurs maisons de campagne, elles étaient entourées de jardins, ou séparées par de vastes terrains, et toutes formaient des bâtiments isolés.

Les habitations de quelque importance étaient formées de quatre bâtiments entourant une cour centrale, au milieu de laquelle jaillissait une de ces fontaines dont le nombre avait valu à la « Ville aux Portes d'or » le surnom de « Ville des Eaux ». Les marchandises en vente n'étaient jamais exposées dans les rues, comme cela se fait aujourd'hui, et les transactions commerciales n'avaient pas lieu en public, sauf à certaines époques, où de grandes foires étaient installées sur les places publiques de la ville. Mais le trait caractéristique de la maison toltèque est la tour qui s'élevait au coin ou au centre de l'un des bâtiments. Un escalier extérieur, en spirale, menait aux étages supérieurs ; la tour était couronnée d'un dôme pointu, et cette partie supérieure de l'habitation était ordinairement employée comme observatoire. Comme il a été dit plus haut, les maisons étaient peintes de brillantes couleurs. Quelques-unes étaient ornées de sculptures, d'autres de fresques ou de dessins coloriés. Les baies des fenêtres étaient remplies par une substance semblable au verre, mais moins transparente. L'intérieur des maisons ne renfermait pas tous les raffinements que l'on y trouve de nos jours, mais la vie y trahissait une civilisation, dans son genre, très développée.

Les temples étaient formés d'immenses salles qui ressemblaient aux salles gigantesques de l'Égypte, mais construites encore sur de plus larges proportions. Les piliers de soutènement étaient généralement carrés, rarement circulaires. Aux temps de la décadence, les bas côtés s'ornèrent de chapelles innombrables, où l'on renfermait les images des habitants les plus considérables.

Ces niches latérales étaient, parfois, suffisamment vastes, pour que puisse y évoluer le cortège de prêtres, que des hommes éminents avaient à leur service pour célébrer le culte de leur propre image. De même que les maisons particulières, les temples n'étaient jamais complets, s'ils n'étaient surmontés de ces tourelles couronnées d'un dôme, et dont les dimensions et les ornements étaient proportionnés à la magnificence de l'habitation qu'elles complétaient. Ces tours servaient aux observations astronomiques et au culte du Soleil.

Les métaux précieux étaient largement employés pour l'ornementation des temples ; l'intérieur de ces édifices était souvent non seulement incrusté, mais encore recouvert de plaques d'or. L'or et l'argent étaient hautement appréciés ; mais, comme nous le verrons plus loin au sujet de leur emploi courant, l'usage qu'on en faisait était purement artistique et jamais appliqué aux transactions ; car la grande quantité de ces métaux, fabriqués alors par les chimistes, – ou, comme nous dirions aujourd'hui, par les alchimistes – les avait en quelque sorte dépossédés de la qualification de métaux précieux. Cette possibilité de la transmutation des métaux n'était pas universellement connue ; mais elle était cependant si répandue qu'elle avait lieu sur une très vaste échelle. En somme, la production de ces métaux si précieux peut être considérée comme une des entreprises industrielles de ce temps, par lesquelles les alchimistes gagnaient leur vie. L'or étant plus apprécié que l'argent, on en fabriquait davantage.

9

ÉDUCATION

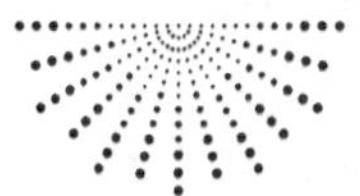

Quelques mots au sujet du langage peuvent servir d'introduction à la question de l'enseignement dans les écoles et les collèges de l'Atlantide.

À l'époque indiquée sur la première carte, le toltèque était la langue universelle, et non seulement sur tout le continent, mais aussi dans les îles occidentales et dans la partie orientale du continent qui reconnaissait le pouvoir de l'Empereur. Des vestiges des langues Rmoahales et Tlavatlies subsistaient, il est vrai, dans les parties éloignées du continent, ainsi que de nos jours la langue des Celtes et des Kymris survit en Irlande et dans le pays de Galles.

La langue des Tlavatlis était parlée par les Touraniens, qui y introduisirent de telles modifications qu'un langage complètement différent naquit peu à peu, tandis que les Sémites et les Akkadiens, adoptant pour base le toltèque, le modifièrent différemment, de sorte qu'il se forma deux variétés différentes de cette langue. Et ainsi, aux derniers jours de Poseïdonis, il existait plusieurs langues complètement distinctes – appartenant toutes cependant au type agglutinant, car ce fut seulement à l'époque de la cinquième race que les descendants des Sémites et des Akkadiens développèrent le langage à inflexions. Cependant, à travers les siècles, le toltèque conserva absolument sa pureté ; et cette même langue, qui était parlée dans l'Atlantide au temps de sa splendeur, existait encore, avec des altérations insignifiantes, des milliers d'années plus tard, au Mexique et au Pérou.

Les écoles et collèges de l'Atlantide, pendant la grande époque toltèque, de même qu'aux époques de civilisation suivantes, étaient entretenus par l'État. Bien que tous les enfants dussent passer par l'école primaire, l'enseignement, qui leur était donné ensuite, différait profondément. Les écoles primaires formaient une espèce d'enceinte préparatoire, et ceux qui se distinguaient par des aptitudes particulières étaient admis vers l'âge de douze ans aux écoles supérieures, comme les enfants des classes dirigeantes, qui se distinguaient naturellement par des capacités plus grandes. La lecture et l'écriture, regardées comme notions préliminaires, étaient tout d'abord enseignées dans les écoles primaires.

Mais la lecture et l'écriture n'étaient pas considérées comme nécessaires pour la grande masse des habitants qui devaient passer leur vie à labourer la terre, ou pour les artisans qui pratiquaient des métiers nécessaires à la communauté. C'est pourquoi la majorité des enfants allait aux écoles industrielles plus propres à développer leurs dispositions particulières. Parmi celles-ci, les écoles d'agriculture occupaient la première place. Quelques parties de la mécanique composaient aussi cet enseignement, tandis que dans les districts plus éloignés ou maritimes, la chasse et la pêche en formaient la principale partie. De cette manière, les enfants recevaient l'éducation et l'instruction qui leur étaient le mieux appropriées.

Les enfants doués de dispositions spéciales, ayant,

comme nous l'avons vu, appris à lire et à écrire, recevaient une éducation beaucoup plus soignée. L'étude des propriétés des plantes et de leurs qualités curatives formait une partie importante des études. Dans ces temps-là, il n'y avait pas de médecins proprement dits, – chaque homme instruit connaissait plus ou moins la médecine et la manière de guérir par le magnétisme. La chimie, les mathématiques et l'astronomie étaient également enseignées.

Nous avons aussi de nos jours adopté l'étude de ces sciences ; mais le but principal de l'instructeur était alors le développement des facultés psychiques de l'élève et l'enseignement des forces cachées de la nature.

Les propriétés occultes des plantes, des métaux et des pierres précieuses, de même que les procédés chimiques de la transmutation des métaux entraient dans le cadre de cet enseignement.

Mais avec le temps les collèges de l'Atlantide, destinés à l'enseignement supérieur de la jeunesse, s'occupèrent plus spécialement à développer chez les élèves ce pouvoir tout personnel que Bulwer Lytton désigne sous le nom de *Vril,* et dont il a exactement décrit l'action dans son œuvre *Coming Race.*

Le changement qui se produisit, lorsque commença la décadence de la race, consista en ce que les classes dirigeantes, devenant de plus en plus exclusives, ne permirent plus que les autres enfants soient admis aux concours des hautes études, qui seules donnaient de si grands pouvoirs. Les mérites et les aptitudes personnels ne furent plus alors considérés comme indispensables à l'obtention des degrés supérieurs de l'instruction.

Dans un empire comme celui des Toltèques, l'agriculture surtout se développa. Non seulement on formait les agriculteurs dans des écoles spéciales, mais il existait encore des collèges où les élèves recevaient les connaissances nécessaires à l'élevage des espèces animales et végétales.

Les lecteurs familiers avec la littérature théosophique savent que le *froment* n'est pas un produit de notre planète. Il fut donné par un Manou qui l'apporta d'un autre globe situé en dehors de notre chaîne planétaire.

Mais l'avoine et quelques autres de nos céréales sont le résultat de croisements du froment avec quelques herbes poussant naturellement sur le sol. Les expériences qui ont donné ces résultats ont été faites dans les écoles agronomiques de l'Atlantide. Il est évident que ces expériences étaient dues à des connaissances supérieures. Mais le résultat le plus considérable obtenu par l'agriculture atlante fut la transformation du plantain ou bananier. À l'état sauvage, la banane ressemblait à un melon allongé, presque sans pulpe, mais plein de graines ainsi que le melon, et ce ne fut qu'après de longs siècles, peut-être même après plusieurs milliers d'années, après de nombreuses et minutieuses sélections, que se développa le fruit sans graines que nous connaissons aujourd'hui.

Parmi les animaux domestiques de l'époque toltèque, il y en avait qui ressemblaient à de petits tapirs. Ils se nourrissaient en général de racines et d'herbages ; mais, comme les porcs de nos jours, avec lesquels ils avaient beaucoup de ressemblance, ces animaux n'étaient pas propres et mangeaient tout ce qu'ils trouvaient.

De grands animaux pareils aux chats et les ancêtres du chien, pareils à des loups, se rencontraient aussi dans le voisinage des habitations.

Les Toltèques paraissent avoir employé comme bêtes de trait des animaux pareils aux chameaux, mais plus petits. Les lamas du Pérou en sont probablement les descendants.

Les ancêtres de l'élan irlandais rôdaient en troupeaux sur les pentes des collines, comme de nos jours, en

Écosse, le bétail supporte à peine le voisinage de l'homme qui le surveille et le garde de loin.

Des essais nombreux furent tentés en ce qui concerne l'élevage et le croisement des différentes races animales et, bien que cela puisse nous paraître étonnant, on employait souvent la chaleur artificielle à accélérer le développement des espèces, de manière que les résultats des croisements puissent être plus facilement constatés. L'emploi de la lumière colorée dans les chambres où ces expériences avaient lieu était préconisé dans le but d'obtenir des résultats différents. Cette action exercée par la volonté humaine sur la transformation des formes animales nous amène à un sujet aussi troublant que mystérieux.

On a mentionné plus haut l'activité déployée par le Manou. C'est de l'esprit du Manou que proviennent toutes les modifications du type primitif et toutes les potentialités latentes existant dans toute forme animée. Pour accomplir dans ses détails le perfectionnement des formes animales, le secours et la coopération de l'homme furent requis.

Les reptiles et les amphibies qui abondaient alors ayant à peu près terminé leur cycle, étaient désormais préparés à évoluer le type oiseau et le type mammifère.

Ces formes étaient donc le matériel originaire mis à la disposition de l'homme, et l'argile était prête à adopter la forme que les mains du potier lui pourraient imposer.

C'est surtout chez des animaux d'un ordre intermédiaire que furent faites ces nombreuses expériences mentionnées plus haut, et, sans aucun doute, les animaux domestiques tels que le cheval, qui rend aujourd'hui tant de services, sont le résultat de ces essais pour lesquels les hommes de ces temps-là coopéraient avec le Manou et ses ministres. Mais cette coopération fut trop tôt interrompue. L'égoïsme prenant le dessus, la guerre et les discordes mirent fin à l'âge d'or des Toltèques. Lorsque les hommes se mirent à lutter entre eux au lieu de travailler en vue d'un but commun, sous la direction de leurs rois initiés, les animaux qui, par les soins de l'homme, auraient pu atteindre des formes plus harmonieuses, se virent ainsi livrés à leur propre instinct, et, suivant naturellement l'exemple de leur maître, ils s'entre-dévorèrent.

Quelques-unes des espèces avaient déjà été dressées et employées pour la chasse ; de façon que, par exemple, ces animaux semblables aux chats, et mentionnés plus haut, devinrent naturellement les ancêtres des léopards et des jaguars.

Un exemple à l'appui de cette théorie que l'on peut être tenté de considérer comme fantastique, bien que n'élucidant pas la question, pourra tout au moins indiquer le point de vue moral de cette contribution nouvelle à nos connaissances actuelles concernant les origines et la marche mystérieuse de notre évolution. Le lion, semble-t-il, aurait acquis un naturel plus doux et un aspect moins féroce si les hommes de ce temps-là avaient su achever la tâche commencée par le Manou. Que le lion ait été créé ou non pour être « semblable à l'agneau et se nourrir d'herbes comme le bœuf », la pensée du Manou ne s'est pas réalisée en lui ; car, suivant cette pensée, il devait former un animal puissant, mais domestiqué, aux yeux intelligents, à l'échine droite, et destiné à être pour l'homme le plus puissant animal de trait.

10
LA CITÉ AUX PORTES D'OR

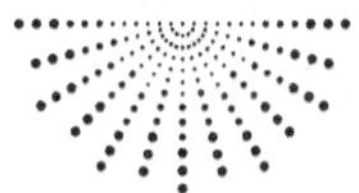

Il faut décrire la « Cité aux Portes d'Or » et ses environs avant d'examiner le système merveilleux à l'aide duquel les habitants étaient pourvus d'eau.

Cette ville, comme nous l'avons vu, était située sur la côte orientale du continent, au bord de la mer et à 15° environ au-dessus de l'équateur. Une contrée magnifiquement boisée, pareille à un parc, entourait la ville. Des villas, résidences des classes riches, étaient disséminées sur un vaste espace alentour. À l'ouest s'étendait une chaîne de montagnes d'où venait l'eau nécessaire à la ville. La cité elle-même était construite sur la pente d'une colline qui s'élevait à 500 mètres au-dessus de la plaine. Au sommet de cette colline se trouvait le palais de l'empereur, entouré de jardins, au centre desquels jaillissait un torrent d'eau jamais tari, alimentant d'abord le palais et les autres fontaines du jardin ; puis, se divisant en quatre parties, ce torrent suivait quatre directions différentes et retombait en cascade dans une sorte de canal ou de fossé, qui entourait les terrains du palais, les séparant ainsi de la ville qui s'étendait au-dessous. Quatre canaux partant de ce fossé conduisaient l'eau à travers les quatre quartiers de la ville, formant des cascades, qui à leur tour approvisionnaient d'autres canaux circulaires, situés à un niveau inférieur.

Il y avait ainsi trois canaux formant des cercles concentriques ; celui qui était extérieur et plus bas que les deux autres se trouvait encore au-dessus du niveau de la plaine. Un quatrième canal de forme rectangulaire, situé au niveau inférieur, recevait les eaux courantes et les déversait à son tour dans la mer. La ville occupait une partie de la plaine jusqu'au bord de ce grand canal extérieur qui l'entourait et la protégeait au moyen d'un grand réseau de routes fluviales, s'étendant sur une longueur de 12 milles et couvrant un espace d'environ 10 milles carrés.

On voit donc que la ville était divisée par trois grandes ceintures formées par les canaux. L'enceinte supérieure, située exactement au-dessous des terrains du palais, possédait un champ de courses et d'immenses jardins publics. La plupart des habitations des fonctionnaires se trouvaient dans cette enceinte ; là s'élevait aussi un édifice dont on ne trouve pas l'équivalent aux temps modernes.

Le terme de *Home pour étrangers* nous suggère l'idée d'un édifice mesquin aux environs sordides ; mais c'était, en Atlantide, un vrai palais, où tous les étrangers qui visitaient la ville recevaient l'hospitalité aussi longtemps qu'il leur plaisait de rester ; – ils étaient considérés ainsi comme les hôtes du gouvernement. – Les maisons particulières et les différents temples, disséminés par la ville, occupaient les deux autres enceintes. Chez les Toltèques, au temps de leur grandeur, la pauvreté paraît ne pas avoir existé. La foule des esclaves attachés à la plupart des maisons étaient eux-mêmes bien nourris et bien vêtus. Il y avait cependant des habitations relativement pauvres dans l'enceinte inférieure, vers le nord de la ville, ainsi qu'en dehors du canal extérieur, près de la mer.

Les habitants de cette partie de la ville s'occupaient pour la plupart de navigation, et leurs maisons, quoique séparées, étaient plus rapprochées l'une de l'autre qu'elles ne l'étaient dans les autres enceintes.

On voit, par ce qui précède, que les habitants avaient ainsi à leur disposition une grande provision d'eau claire et pure dont le courant traversait la ville, tandis que les enceintes supérieures et le palais de l'empereur étaient protégés par des fossés ou canaux dont le niveau s'élevait à mesure que l'on se rapprochait du centre de la cité.

Il n'est pas utile d'avoir de grandes connaissances en mécanique pour comprendre le gigantesque travail qui fut nécessaire à l'installation de cet approvisionnement ; étant donné qu'aux jours de sa splendeur « la Ville aux Portes d'Or » comprenait dans ses quatre enceintes plus de deux millions d'habitants. Aucun système d'irrigation équivalent n'a été tenté, au temps des Grecs ou des Romains, ou même dans les temps modernes.

Il est même permis de douter que nos ingénieurs les plus habiles puissent mener à bien une semblable entreprise, même s'ils disposaient de sommes considérables.

La description de quelques-uns des traits caractéristiques de ce système présentera quelque intérêt.

Un lac situé dans les montagnes, à l'ouest de la ville, à une hauteur de 2.600 pieds environ, fournissait l'eau nécessaire à l'approvisionnement. L'aqueduc principal, de section ovale, mesurant 50 pieds sur 30, conduisait à un réservoir en forme de cœur. Ce réservoir était situé dans les sous-sols du palais, au pied même de la colline sur laquelle la ville et le palais étaient bâtis. Du réservoir principal, un conduit perpendiculaire, taillé dans le roc et d'une hauteur de 500 pieds, conduisait l'eau sur les terrasses du palais, d'où elle se répandait dans toute la ville.

De ce réservoir central partaient encore d'autres conduits, qui amenaient l'eau potable dans les différentes parties de la ville, approvisionnant les fontaines publiques. Des systèmes d'écluses existaient aussi pour diriger et retenir l'approvisionnement d'eau dans les différents districts.

Quiconque possède quelques notions de mécanique peut se rendre compte, par ce qui est dit plus haut, de l'énorme pression qui se produisait dans l'aqueduc souterrain et dans le réservoir central, d'où l'eau montait naturellement jusqu'au bassin situé dans les jardins du palais, et ainsi la force de résistance des matériaux, employés à la construction de ces conduits, devait être prodigieuse.

Si dans « la ville aux Portes d'Or » le système d'irrigation était merveilleux, le mode de locomotion adopté par les Atlantéens était plus prodigieux encore ; car le bateau aérien ou machine volante, que cherchent actuellement à réaliser Keely en Amérique et Maxim en Angleterre, était alors en fonctionnement ; mais ce n'était pas là un moyen de transport employé par tous. Les esclaves, les serviteurs et les artisans voyageaient à pied, ou montaient sur des chars grossiers aux lourdes roues, et attelés d'animaux étranges. Les bateaux aériens étaient ce que sont, de nos jours, les équipages ou mieux les yachts, relativement au nombre restreint des personnes qui les possédaient ; car ils furent toujours très coûteux et de fabrication délicate. Généralement ils n'étaient pas construits de manière à contenir beaucoup de monde. La plupart ne contenaient que deux personnes, quelques-uns pouvaient contenir six ou huit passagers. Plus tard, quand les guerres et les luttes mirent fin à « l'âge d'or », les vaisseaux de guerre, destinés à la navigation aérienne, remplacèrent en grande partie les vaisseaux de guerre marins, – les premiers étant des engins de guerre beaucoup plus puissants que les derniers. Ils furent alors construits de manière à transporter jusqu'à cinquante et même parfois cent combattants. Le matériel employé à la construction des bateaux aériens était le bois ou le métal. Les premiers étaient en bois, les planches dont on se servait étaient très minces, mais imbibées d'une substance qui, sans augmenter leur poids, leur donnait la résistance du cuir. Elles acquéraient une force et une légèreté particulières.

Lorsqu'on employait le métal pour cette sorte de construction, c'était généralement un alliage composé de deux métaux blancs et d'un seul rouge. Il en résultait un produit métallique blanc, semblable à l'aluminium, mais beaucoup plus léger.

La charpente raboteuse du navire aérien était recouverte d'une épaisse feuille de ce métal qui prenait sa forme et que l'on soudait à l'aide de l'électricité, lorsque cela était nécessaire. Mais, qu'ils fussent de métal ou de bois, la surface de ces navires était parfaitement unie et sans soudure apparente ; ils brillaient dans l'obscurité comme s'ils étaient recouverts d'un enduit lumineux.

Leur aspect était celui d'un bateau, mais ils étaient invariablement couverts ; car, lorsqu'ils se trouvaient lancés à toute vitesse, il eût été fort incommode, sinon imprudent, pour les passagers de rester sur le pont.

Les instruments de propulsion et de direction pouvaient être mis en action et chacune des extrémités du bateau.

Mais la question la plus intéressante est celle de la force motrice dont on se servait. Au temps les plus anciens, il semble qu'on ait employé pour leur direction ce pouvoir personnel désigné sous le nom de *vril.* Que l'on y ait joint l'aide de quelque artifice mécanique, cela est de peu d'importance, mais plus tard ce pouvoir fut remplacé par une autre force qui, bien que générée d'une façon qui nous demeure inconnue, n'en agissait pas moins au moyen d'un mécanisme bien déterminé. Cette force, encore inconnue à la science moderne, paraît s'être rapprochée davantage de celle dont l'application est recherchée par Keely en Amérique que de la force électrique employée par Maxim. Elle était, en fait, de nature éthérique ; et malgré que nous ne soyons pas encore près de la solution du problème, nous pouvons cependant décrire la méthode au moyen de laquelle on procédait. Les combinaisons mécaniques variaient, sans aucun doute, avec les vaisseaux.

La description suivante est celle d'un bateau aérien qui, en une certaine occasion, servit au voyage de trois ambassadeurs envoyés par le roi régnant alors au nord de Poseïdonis. Ces ambassadeurs se rendaient dans un royaume du Sud.

Une forte et lourde caisse de métal, fixée au centre du bateau, servait de générateur. De là, la force passait à travers deux grands tubes flexibles et se dirigeait vers chaque extrémité du vaisseau, ainsi que vers huit tubes supplémentaires fixés de l'avant à l'arrière. Ceux-ci avaient une double rangée d'ouvertures dirigées verticalement vers le haut et le bas. Au début du voyage, on ouvrait les soupapes des huit tubes supplémentaires se dirigeant vers le bas, – toutes les autres soupapes restaient fermées. Le courant s'échappant de ces tubes venait frapper la terre avec une telle force que le bateau s'élançait dans l'espace, tandis que l'air continuait de fournir le point d'appui nécessaire.

Lorsqu'on avait atteint une hauteur suffisante, le tube flexible placé à l'extrémité du vaisseau et dirigé vers le point à atteindre était mis en mouvement, tandis que, par une demi-fermeture des soupapes, le courant passant à travers les huit tubes verticaux se trouvait réduit de manière à ce que la hauteur atteinte soit maintenue.

La plus grande partie du courant étant alors dirigée dans le tube principal, dont l'extrémité se dirigeait vers le bas, à l'arrière du bateau, en formant un angle d'environ 45°, servait tout à la fois à maintenir l'élévation et à produire le mouvement de propulsion qui faisait avancer le vaisseau à travers l'espace. On gouvernait le bateau en expulsant le courant à travers ce tube, car le moindre changement dans la direction de ce dernier influençait la marche du bateau. Une surveillance constante n'était pourtant pas nécessaire.

Lorsque l'on entreprenait un long voyage, on pouvait fixer le tube et il n'était plus dès lors besoin de le manier jusqu'au moment de l'arrivée. Le maximum de vitesse obtenue était de 100 milles à l'heure environ, et le mouvement du vaisseau n'était jamais suivant la ligne droite, mais suivant toujours une courbe ondulante, le vaisseau se rapprochant ou s'éloignant de la terre.

La hauteur à laquelle ils parvenaient ne dépassait pas quelques centaines de pieds ; lorsque des montagnes élevées se trouvaient sur leur passage, ils devaient changer leur direction, et tourner l'obstacle ; car l'air raréfié ne pouvait plus leur fournir le point d'appui nécessaire. Les collines de mille pieds de haut étaient les seules au-dessus desquelles ces bateaux pouvaient circuler.

Pour arrêter le bateau à son arrivée, on devait laisser échapper le courant par le tube placé à l'extrémité du bateau qui était dirigée vers le point d'arrivée ; et le courant heurtant violemment la terre ou l'air agissait comme un frein, tandis qu'à l'arrivée la force propulsive diminuait graduellement.

Il faudrait encore expliquer l'emploi des huit tubes dirigés vers le haut et partant des bastions. C'était là une combinaison ayant trait au genre de guerre que permettaient les bateaux aériens.

Ayant à leur disposition une force si puissante, les vaisseaux aériens, en temps de guerre, l'utilisaient en la dirigeant contre le bateau ennemi, de façon à détruire l'équilibre du vaisseau ainsi attaqué et à le retourner complètement. Le bateau ennemi profitait alors de cette situation désavantageuse pour attaquer son adversaire à l'aide du bélier. Il y avait encore le danger d'être précipité contre la terre, à moins que la manœuvre des soupapes ne soit très rapidement exécutée. Quelle que fut la position du bateau, le courant devait passer par les tubes dirigés vers la terre, tandis que les tubes dirigés vers le haut devaient être fermés.

Pour redresser le bateau culbuté et le remettre horizontalement sur sa quille, on se servait des quatre tubes dirigés vers le bas – à l'une des extrémités du vaisseau – tandis que les quatre tubes placés à l'autre extrémité devaient rester fermés.

Les Atlantes avaient aussi des vaisseaux marins mis en mouvement par une force analogue à celle qui est mentionnée plus haut ; mais la force motrice adoptée dans ce cas était d'une apparence plus dense que celle qui était employée pour les bateaux aériens.

11

MŒURS ET COUTUMES

Il y eut, sans aucun doute, autant de variétés dans les mœurs et coutumes des Atlantes aux différentes époques de leur histoire, qu'il y en eut parmi les nations diverses composant notre race aryenne. Nous ne nous occuperons pas des habitudes variables à travers les siècles. Les remarques qui vont suivre se rapporteront uniquement aux traits caractéristiques qui distinguèrent leurs habitudes des nôtres, et ceux-ci seront pris, autant que possible, à la grande époque toltèque.

En ce qui concerne le mariage et les rapports des sexes entre eux, les expériences faites par les Touraniens sur ce point ont déjà été mentionnées. La polygamie prédomina chez les sous-races à plusieurs époques ; mais, à l'époque toltèque, la plupart des hommes n'avaient qu'une seule femme, bien que la loi permît alors d'en avoir deux.

Les femmes n'étaient pas considérées comme inférieures, ni opprimées d'aucune manière, comme il arrive aujourd'hui dans les contrées où règne encore la polygamie.

Leur situation égalait celle de l'homme, tandis que l'aptitude possédée par plusieurs d'entre elles à acquérir le pouvoir désigné sous le nom de *vril* les rendait égales, sinon supérieures, à l'autre sexe. Cette égalité d'ailleurs était reconnue dès l'enfance et la séparation des sexes à l'école et au collège n'existait pas : les filles et les garçons étaient instruits ensemble.

L'harmonie, dans les ménages où l'homme avait deux femmes, était la règle et non l'exception ; et les mères enseignaient aux enfants à mériter également l'amour et la protection des femmes de leur père. Les femmes n'étaient pas exclues du gouvernement. Quelquefois on les nommait membres du conseil ; et les empereurs adeptes les choisissaient même parfois pour les représenter dans les diverses provinces comme souveraines du lieu.

Les Atlantes écrivaient sur de minces feuilles de métal, dont la surface était pareille à de la porcelaine blanche. Ils avaient aussi le moyen de reproduire un texte écrit en plaçant sur la feuille à reproduire une autre plaque de métal très mince, préalablement plongée dans un liquide spécial. Le texte ainsi gravé sur la seconde plaque pouvait être reproduit à volonté sur d'autres feuilles ; un grand nombre de ces feuilles, attachées ensemble, formaient un livre.

Une coutume qui se distinguait beaucoup des nôtres doit être indiquée ici, elle a trait à leur nourriture. C'est un sujet désagréable, mais qui ne peut être passé sous silence. Ils rejetaient ordinairement la chair des animaux, tandis qu'ils se nourrissaient des parties que nous rejetons aujourd'hui.

Ils buvaient aussi le sang – souvent tout chaud encore – et en préparaient différents mets. Il ne faudrait pas croire cependant qu'ils ne connaissaient pas de mets plus délicats. Les mers et les rivières leur fournissaient du poisson, dont ils mangeaient même la chair dans un état de décomposition qui nous répugnerait. La culture des différentes graminées était très répandue, ils en faisaient du pain et des gâteaux. Enfin ils avaient aussi du lait, des fruits et des légumes.

Une petite minorité des habitants, il est vrai, n'adopta jamais les coutumes esquissées plus haut. C'était le cas pour les rois et les empereurs adeptes, pour le clergé initié dans tout l'empire. Ceux-ci étaient tout à fait végétariens, mais beaucoup parmi les conseillers de l'empereur et parmi les courtisans, tout en feignant une grande sobriété, assouvissaient en secret leurs goûts plus grossiers.

Les boissons fortes étaient inconnues dans ces temps-là. Une boisson très fermentée fut répandue à une certaine époque ; mais elle éveillait une excitation si dangereuse chez ceux qui en buvaient qu'une loi en défendit la consommation.

Les armes de guerre et de chasse différèrent considérablement aux différentes époques. Les épées et les lances, les arcs et les flèches suffisaient généralement aux Rmoahals et aux Tlavatlis. Ils faisaient alors la chasse à des mammouths aux longs poils laineux, aux éléphants et aux hippopotames. Les marsupiaux abondaient aussi, de même que des survivants d'un type intermédiaire – les uns demi-reptile, demi-mammifère, les autres demi-reptile, demi-oiseau.

L'emploi des explosifs était répandu à une époque reculée et atteignit plus tard une grande perfection. Les uns paraissent avoir été tels qu'ils faisaient explosion sous un choc, d'autres après un certain intervalle de temps ; mais, dans les deux cas, la destruction des êtres vivants devait résulter de l'émanation d'un gaz délétère, et non pas de la projection des balles.

Les explosifs étaient devenus si puissants aux derniers temps de l'Atlantide, que des groupes entiers de combattants furent, paraît-il, détruits dans les batailles par les gaz délétères produits par l'explosion, au-dessus de leurs têtes, d'une de ces bombes qu'on lançait à l'aide d'une sorte de levier.

Le système monétaire doit être examiné à son tour. Pendant les trois premières sous-races, l'idée d'une monnaie d'État était absolument inconnue. De petits morceaux de métal ou de cuir, indiquant une valeur quelconque, étaient à la vérité employés comme monnaie. Perforés au centre, ces morceaux attachés ensemble étaient généralement suspendus à la ceinture. Mais chacun, pour ainsi dire, fabriquait la monnaie dont il se servait et cette monnaie de métal ou de cuir ainsi formée et échangée contre une autre valeur convenue n'était pas autre chose qu'une sorte de reconnaissance de dette, ce qui est de nos jours un billet à ordre. Nul n'était autorisé à fabriquer plus de cette monnaie qu'il ne pouvait en représenter l'équivalent par les biens qu'il possédait.

Ces pièces de métal ou de cuir ne circulaient pas comme la monnaie circule ; le possesseur de ces pièces avait les moyens de connaître très exactement les ressources de son débiteur, grâce à la faculté de clairvoyance que tous possédaient alors à un certain degré. Dans les cas douteux, on se servait de cette capacité pour vérifier l'état des affaires.

Il faut constater cependant qu'aux derniers temps de Poseïdonis un système de monnaie semblable au nôtre fut adopté ; et l'image représentée généralement sur les monnaies de l'État était la triple montagne qu'on apercevait de la grande capitale située au sud.

Mais le système de la répartition de la propriété est le sujet le plus important de ce chapitre. Chez les Rmoahals et les Tlavatlis, qui vivaient exclusivement de pêche et de chasse, la question naturellement n'avait jamais existé ;

bien que, à l'époque des Tlavatlis, un certain système de culture agricole ait été préconisé.

Ce fut à l'époque toltèque primitive que l'accroissement de la population et la civilisation naissante donnèrent à la terre une valeur qui en fit un objet de dispute. On ne se propose pas de tracer ici le système ou plutôt le manque de système qui domina dans ces temps reculés antérieurs à l'avènement de l'Âge d'Or. Mais les annales de cette époque offrent non seulement à ceux que préoccupent les questions d'économie politique, mais encore à tous ceux qui s'intéressent au progrès de la race, un sujet de profondes méditations.

La population, il faut le rappeler, allait toujours en augmentant, et, sous le règne des empereurs adeptes, elle atteignit le chiffre énorme indiqué plus haut ; malgré cela, la pauvreté et la misère étaient deux choses inconnues en ces temps-là ; et le bien-être social était dû en partie, sans aucun doute, au système de répartition de la propriété.

Non seulement toute la contrée et ses produits étaient considérés comme la propriété de l'empereur, mais tous les troupeaux et tout le bétail lui appartenaient aussi.

La contrée était divisée en différentes provinces, ou districts ; chaque province ayant à sa tête un roi secondaire ou vice-roi nommé par l'empereur. Chacun de ces vice-rois était responsable de l'administration et du bien-être des pays placés sous sa domination. La culture de la terre, les moissons, les pâturages destinés aux troupeaux, tout cela était soumis à sa surveillance aussi bien que la direction des expériences agricoles que nous avons mentionnées plus haut.

Chaque vice-roi était assisté d'un conseil d'agriculture comprenant les membres actifs et les sociétaires ; ces conseillers, dans leurs divers travaux, laissaient une grande place à l'astronomie qui, dans ce temps-là, n'était pas une science vaine. Les influences occultes qui agissaient sur la vie végétale et animale étaient étudiées alors et on savait utiliser ces connaissances. Le moyen de produire la pluie à volonté était de même connu, pendant que dans les contrées septentrionales du continent les effets redoutables des époques glacées étaient en partie neutralisés par la science occulte. Les moments favorables à chacune des opérations agricoles étaient naturellement calculés exactement et le travail était effectué par les employés officiels astreints à surveiller tous les détails.

Les produits obtenus dans chaque district ou royaume étaient généralement consommés sur place, mais un échange de denrées agricoles était quelquefois décidé par les gouvernants.

Après que l'on en avait mis de côté une petite part destinée à l'empereur et au gouvernement central de la « Ville aux Portes d'Or », les récoltes du district ou du royaume étaient divisées entre les habitants. Le vice-roi de la localité et sa suite en recevaient, naturellement, la plus grande part, mais en même temps le dernier des laboureurs en recevait assez pour que son bien-être fût assuré. Toute augmentation dans la capacité productive de la terre ou dans les richesses minérales qu'elle offrait était partagée proportionnellement parmi tous ceux qui l'occupaient, c'est pourquoi tous étaient intéressés à rendre le résultat de leur travail aussi avantageux que possible.

Ce système fonctionna admirablement pendant une assez longue période. Mais, avec le temps, la négligence et la cupidité se firent jour. Ceux qui devaient surveiller les travaux abandonnèrent toute la responsabilité à leurs inférieurs, et peu à peu les chefs négligèrent de s'intéresser aux opérations et de les diriger. Ce fut le commencement des mauvais jours.

Les membres des classes dirigeantes, qui, tout

d'abord, avaient donné leur temps aux devoirs de l'État, commencèrent à songer à leur propre plaisir et le sentiment du luxe s'imposa. Une cause particulière de grand mécontentement surgit parmi les classes inférieures.

Le système d'après lequel la jeunesse de la nation était distribuée dans les écoles techniques a déjà été mentionné. Le devoir de choisir les enfants de manière que chacun d'eux reçût une éducation en harmonie avec ses tendances naturelles était toujours confié aux classes supérieures chez lesquelles les facultés psychiques étaient très développées. Mais, lorsque ces hommes, possédant la clairvoyance qui seule permettait une semblable sélection, confièrent leurs devoirs à des inférieurs dépourvus de ces facultés psychiques, il arriva que les enfants furent dirigés dans de mauvaises voies ; et ceux-là, dont les capacités et les goûts avaient telle ou telle tendance, se trouvèrent souvent attachés pour la vie à une occupation qu'ils n'aimaient pas et dans laquelle ils ne réussissaient pas.

Après la chute de la grande dynastie toltèque, les systèmes de distribution de la propriété qui prévalurent dans les différentes parties de l'empire furent nombreux et très variés. Il est inutile de les examiner.

Aux derniers jours de Poseïdonis, ces systèmes avaient généralement été remplacés par le système de propriété individuelle, que nous connaissons si bien.

On a déjà mentionné, dans le chapitre sur les « Émigrations », le système de distribution de la propriété qui domina durant la période glorieuse de l'histoire péruvienne, à l'époque où les Incas avaient le pouvoir, il y a environ quatorze mille ans.

Un rapide exposé de ce système est nécessaire pour en faire comprendre l'origine ainsi que les altérations et les modifications que subit cette organisation quelque peu compliquée.

La terre appartenait dans le principe à l'Inca, mais il en était donné une moitié aux cultivateurs, qui formaient, naturellement, la grande masse de la population ; l'autre moitié était partagée entre l'Inca et le clergé, qui célébrait le culte du Soleil.

Avec le produit des terres qui lui étaient allouées, l'Inca devait soutenir l'armée, entretenir les routes du royaume et subvenir à tous les frais du gouvernement. Celui-ci avait à sa tête une classe dirigeante spéciale touchant de près ou de loin à l'Inca lui-même, et représentant une civilisation et un développement supérieurs à celui de la grande masse de la population.

La quatrième partie, que l'on appelait « les terres du Soleil », était destinée normalement aux prêtres chargés de diriger les cultes publics dans tout l'empire, mais aussi à l'éducation du peuple dans les écoles et les collèges ; à l'entretien des malades et des infirmes, et enfin à entretenir tout habitant ayant atteint l'âge de quarante-cinq ans (à l'exception des classes dirigeantes exemptes du travail) ; car, à cet âge, les personnes dispensées du travail fatigant pouvaient commencer à jouir de leurs loisirs.

12

RELIGION, SON APOGÉE ET SON DÉCLIN

L'évolution des idées religieuses est le seul sujet qu'il nous reste à traiter. Entre les aspirations spirituelles d'une race rude mais simple et les rites dégradés d'un peuple développé intellectuellement, mais chez lequel la spiritualité s'était éteinte, il y a un abîme que le terme de religion, dans son acception la plus vaste, peut seul combler.

C'est néanmoins ce cours perpétuel d'élévation et de décadence qui doit être exposé dans une histoire du peuple atlante.

Il faut rappeler que le gouvernement sous lequel étaient assujettis les Rmoahals, à l'époque où ils apparurent, est décrit comme le plus parfait qu'il soit possible de concevoir, car c'était le Manou lui-même qui le dirigeait. Le souvenir de ce chef divin se conserva naturellement dans les annales de la race, et il vint un temps où ce chef fut considéré comme un dieu par un peuple aux facultés psychiques, et qui avait par conséquent notion de cet état de conscience qui est supérieur à celui de veille. Doué de ces facultés supérieures, il était tout naturel que ce peuple adoptât une religion, qui, sans contenir une philosophie très élevée, fut éloignée de toute basse conception. Plus tard cette phase de croyance religieuse se transforma en une sorte de culte des ancêtres.

Les Tlavatlis, tout en héritant du respect traditionnel et du culte pour le Manou, reçurent des Adeptes instructeurs la croyance à l'existence d'un Être suprême, dont le symbole était le Soleil ; et ainsi ils développèrent une sorte de culte du Soleil pour la célébration duquel ils se rendirent sur le sommet des montagnes. Là ils érigèrent de grands cercles de monolithes, qui devaient représenter la course annuelle du Soleil. Étant disposés d'une certaine manière, ils avaient aussi une destination astronomique. Pour celui qui se tenait près du grand autel, le Soleil apparaissait au solstice d'hiver derrière l'un des monolithes ; à l'équinoxe du printemps, derrière un autre, et ainsi de suite pendant toute l'année. Ces mêmes pierres disposées en cercle servaient en même temps à des observations astronomiques, encore plus compliquées, concernant des constellations éloignées.

Nous avons déjà vu au chapitre des Émigrations comment les Akkadiens – une dernière sous-race – revinrent à cette construction primitive de monolithes, en érigeant Stonehenge.

Bien que doués d'un développement intellectuel supérieur à celui de la race précédente, les Tlavatlis avaient un culte très primitif.

À l'époque des Toltèques, avec la diffusion des connaissances et sous la direction d'un clergé initié et l'influence d'un empereur adepte, le peuple parvint à avoir une conception plus nette et plus juste de l'idée du divin. La minorité disposée à profiter de l'enseignement nouveau, après avoir subi des examens et des épreuves, était sans aucun doute admise aux rangs du clergé, qui formait alors une grande fraternité occulte. Cependant nous ne nous occuperons pas ici de ceux-là qui, ayant dépassé la masse de l'humanité, étaient prêts à entrer dans le sentier de la perfection. Les religions pratiquées par les Atlantes, en général, sont ici le seul but de nos recherches.

Le désir de s'élever jusqu'aux plus hauts sommets de la pensée philosophique était au cœur des hommes dans ces temps reculés comme de nos jours ; et de même qu'aujourd'hui, la grande majorité y aspirait.

Le symbole était la seule forme sous laquelle l'instructeur le plus élevé pouvait faire passer dans les esprits l'idée de cette essence du Cosmos, qui est ineffable et qui pénètre toute chose ; aussi le symbole du Soleil fut-il l'un des premiers compris et reconnu.

Mais, ainsi que de nos jours, les esprits plus cultivés et plus développés voyaient plus loin que le symbole, et s'élevaient parfois sur les ailes de la prière jusqu'au Père spirituel, qui est

Le mobile et le centre de nos aspirations.
Le but et le refuge de notre pèlerinage.

Mais la masse ne comprenait que le symbole et elle l'adorait comme on adore aujourd'hui dans l'Europe catholique la Madone ou l'image en bois sculpté du Crucifié.

Le culte du Feu et celui du Soleil étaient célébrés dans des temples magnifiques, élevés sur toute l'étendue du continent de l'Atlantide, et principalement dans la « Ville aux Portes d'Or ». Le service du temple était fait par des prêtres subventionnés par l'État.

Dans ces temps primitifs, il était interdit de représenter aucune image de la Divinité. Le disque du Soleil était considéré comme le seul emblème digne de représenter la tête divine et il y en avait un dans chaque temple.

Ce disque d'or était généralement disposé de manière que le premier rayon du soleil vînt le frapper à l'équinoxe du printemps ou au solstice d'été.

L'adoration du disque solaire se retrouve encore au Japon dans les cérémonies religieuses shintoïstes, offrant un exemple frappant de la survivance parfaite de ce culte.

Chez ce peuple, toute autre image de la Divinité est considérée comme impie ; le miroir circulaire de métal poli est, en vertu de cette croyance, caché aux regards du vulgaire, sauf dans les grandes cérémonies. Cependant les temples shintoïstes se distinguent par l'absence complète de tout ornement, bien différents des temples atlantéens toujours très richement décorés. La simplicité harmonieuse des boiseries n'est rehaussée d'aucune ornementation, peinture ou vernis.

Mais le disque solaire n'est pas toujours resté l'unique emblème permis. L'image d'un homme – d'un archétype – fut plus tard placée dans les temples et adorée comme le plus sublime représentant de la Divinité ; et cela peut être considéré comme un retour vers le culte que les Rmoahals rendaient au Manou. Même alors la religion était comparativement pure, et la fraternité occulte de la « Bonne Loi » mettait naturellement tout en œuvre pour entretenir la vie spirituelle au cœur des peuples.

Cependant les jours mauvais se montrèrent quand aucune idée altruiste ne survécut pour arracher cette race à l'abîme de l'égoïsme où elle allait s'engloutir. La décadence de la morale fut l'avant-coureur de la décadence de la corruption spiritualiste. Chaque homme luttait pour lui-même, utilisant son savoir dans un but purement égoïste, et on en vint à croire que, dans l'univers, rien n'était au-dessus de l'homme lui-même. Chacun devint à lui-même « sa Loi, son Seigneur et son Dieu ». Alors le culte célébré dans les temples ne fut plus celui d'un Idéal déterminé, mais bien le culte de l'homme tel qu'il apparaît, tel qu'on le comprend.

Comme il est dit dans le livre de Dzyan : « C'est alors que la quatrième race grandit en orgueil… Nous sommes les rois, disait-on. Nous sommes les dieux… Ils élevèrent des villes immenses… Ils employèrent des matériaux rares ; et dans la lave des volcans, dans les pierres blanches des montagnes, ainsi que dans les pierres noires, ils sculptèrent leur image et ils l'adorèrent. »

Des niches renfermant les statues de ces hommes, travaillées dans l'or ou l'argent, sculptées dans le bois ou la pierre, étaient creusées dans les temples et ces hommes venaient adorer ces statues. Les plus riches entretenaient des cortèges entiers de prêtres pour célébrer le culte et prendre soin de l'autel où se trouvait leur statue. Des offrandes leur étaient faites comme on en avait fait aux dieux. L'apothéose du « Soi » ne pouvait aller plus loin.

Il faut rappeler que toute idée véritablement religieuse, qui ait jamais pénétré l'esprit humain, lui a été sciemment suggérée par les Instructeurs divins, c'est-à-dire par les Initiés des Loges occultes. Ceux-ci ont été, à travers les âges, les gardiens des mystères divins et des faits entraînant les états de conscience suprasensibles.

L'humanité, en général, n'est parvenue que très lentement à s'assimiler quelques-unes de ces pensées divines ; et les déformations hideuses que chaque religion a éprouvées doivent être attribuées à la nature inférieure de l'homme. Il semble, en effet, que l'homme n'a pas toujours été également digne de connaître le sens des symboles qui servent à voiler la lumière de la Divinité, et à l'époque de la suprématie touranienne une partie de ces connaissances furent à tort divulguées.

Nous avons vu comment, aux temps les plus reculés,

la lumière et la chaleur du soleil furent choisies comme le symbole capable d'offrir à l'esprit ce qu'il était alors en état de comprendre relativement à la grande Cause première. Mais, parmi les prêtres, des symboles d'une signification beaucoup plus large et beaucoup plus exacte étaient connus et conservés. L'un de ces symboles était l'idée de la Trinité dans l'Unité. Il ne fut jamais révélé dans son essence ; mais, à l'époque touranienne, la Trinité personnifiant les pouvoirs cosmiques de l'Univers, personnifiant le Créateur, le Conservateur et le Destructeur, fut dévoilée, bien que très imparfaitement. Cette idée fut plus tard matérialisée et dégradée par les Sémites, qui en firent une Trinité anthropomorphique, comprenant le père, la mère, l'enfant.

On doit mentionner ici une caractéristique beaucoup plus regrettable encore de l'époque touranienne. En pratiquant la sorcellerie, plusieurs des habitants de l'Atlantide apprirent à connaître l'existence de puissants élémentals, créatures amenées à l'existence humaine par leur volonté, ou tout au moins animées par elle. Alors les sentiments de respect et de vénération arrivèrent à un tel abaissement que l'on en vint à adorer ces créatures demi-conscientes créées par une imagination tournée vers le mal.

Des rites sanglants accompagnèrent dès le début le culte rendu à ces créatures ; et naturellement chaque sacrifice offert à leurs autels augmentait la vitalité et la persistance de ces êtres – sortes de vampires – si bien même, que de nos jours encore, dans différentes contrées, des élémentals, créés par la volonté puissante des anciens sorciers atlantes, continuent à prélever un tribut dans certains groupes de villages, étrangers cependant à de semblables pratiques.

Ces rites sanguinaires institués et pratiqués par les Touraniens ne paraissent pas s'être répandus chez les autres sous-races, bien que les sacrifices humains ne semblent pas être demeurés inconnus à quelques branches du tronc sémite.

Dans le grand empire toltèque du Mexique, le culte du Soleil, pratiqué par les ancêtres, fut toujours le culte national ; et les offrandes, présentées à la Divinité bienfaisante nommée Quetzalcóatl consistaient uniquement en fleurs et en fruits. C'est seulement à l'arrivée des sauvages Aztèques que les rites paisibles des Mexicains furent remplacés par des sacrifices humains, dont le sang arrosa les autels du dieu guerrier Huitzilopochli, et la pratique, qui consistait à arracher le cœur des victimes dans les sacrifices offerts au sommet du Teocali, peut être considérée comme l'un des vestiges de ce culte des élémentals, pratiqué dans l'Atlantide par leurs ancêtres les Touraniens.

On verra plus loin qu'en ces temps-là, comme de nos jours, la vie religieuse du peuple comprenait les formes les plus variées de culte et de croyance. Auprès de la faible minorité qui aspirait à l'initiation, pénétrée d'une vie spirituelle supérieure, qui savait que la bienveillance envers les autres, le contrôle de la pensée, la pureté de la vie et des actes sont indispensables pour atteindre les états de conscience supérieurs et les vastes régions de la lucidité, des degrés innombrables de croyances existaient suscitées par l'adoration plus ou moins aveugle des forces cosmiques, ou des divinités anthropomorphes, comprenant même les rites dégradants et très répandus cependant par lesquels l'homme adorait sa propre image, et s'étendant enfin jusqu'aux rites sanguinaires qui accompagnaient le culte des élémentals.

Il ne faut point oublier, cependant, que nous nous occupons ici uniquement de la race atlante, de sorte que le fétichisme encore plus bas qui existait déjà alors – comme il existe de nos jours – parmi les représentants les plus dégradés de la race lémurienne, n'est pas en question. Ainsi, à travers les âges, et jusqu'à la submersion finale de Poseïdonis, des rites variés répondant à des cultes divers se succédèrent. À ce moment, des multitudes innombrables d'émigrants atlantes avaient déjà établi leurs cultes divers dans les pays étrangers.

Il serait difficile de retracer en détail l'origine et l'évolution des religions anciennes, qui, aux temps historiques, se sont développées sous des formes diverses et antagonistes ; mais la lumière qui résulterait d'une semblable étude sur des questions d'une importance supérieure décidera quelque jour qu'on entreprenne ce travail.

Il serait inutile d'essayer en quelques mots de résumer un aperçu déjà trop bref. Espérons plutôt que tout ce qui a été dit servira de texte au développement de l'histoire concernant chaque branche en particulier des différentes sous-races, développement où seront examinés les progrès politiques et sociaux de chaque rameau, progrès dont nous n'avons pu donner ici que des fragments.

On pourrait cependant dire encore un mot sur l'évolution de la race, sur le progrès que toute création, avec l'humanité à sa tête, doit atteindre à travers les âges, de siècle en siècle, de millénaire en millénaire, de Manvantara en Manvantara, et de Kalpa en Kalpa.

La descente de l'Esprit dans la Matière – ces deux pôles de la substance éternelle – est le processus qui caractérise la première moitié de chaque cycle. L'époque que nous venons d'examiner dans les pages précédentes, l'époque du développement de la race atlante, représente le milieu exact, c'est-à-dire le point tournant, du Manvantara actuel.

Le processus d'évolution ébauché par notre cinquième race – c'est-à-dire le retour de la matière à l'esprit – ne s'était encore révélé à cette époque que parmi quelques individualités isolées, précurseurs de la résurrection de l'Esprit.

Mais pour tous ceux qui ont examiné la question attentivement, il existe un contraste étrange dans les caractéristiques de la race atlante et ce contraste semble tout d'abord inexplicable.

Auprès des passions brutales et des penchants les plus dégradés, ils possédaient en effet des dispositions psychiques supérieures et une intuition presque divine.

La solution de ce problème, en apparence insoluble, existe dans ce fait que, chez ces hommes, Manas (ou l'intelligence destinée à réunir dans l'individu parfait les forces inférieures animales aux forces de l'esprit divin qui involue), Manas commençait seulement à apparaître, le pont s'édifiait à peine.

De nos jours, le règne animal représente une région de la nature où l'apparition du Manas ne s'est pas encore manifestée, et, dans l'humanité au temps de l'Atlantide, l'union des deux principes était encore si faible que les facultés spirituelles n'avaient que peu de contrôle sur les forces animales inférieures.

L'éclair d'intelligence qu'ils possédaient était suffisant pour augmenter le plaisir des sens, mais il n'était pas assez puissant pour animer les facultés spirituelles encore assoupies, et qui doivent exercer un pouvoir absolu chez l'individu parfait. Notre métaphore relativement au pont de Manas peut nous conduire plus loin, si nous le considérons comme étant maintenant en voie de formation, mais comme devant rester inachevé pour l'humanité en général pendant des milliers d'années, jusqu'au moment où, l'Humanité ayant parcouru une fois encore le cycle des sept planètes, la cinquième Grande Ronde sera à moitié achevée.

Bien que ce fût au temps de la dernière moitié de la troisième race racine et au début de la quatrième race que le Manasaputra descendit pour conférer le don de l'intelligence à l'humanité entière, qui jusque alors ne possédait pas l'étincelle, celle-ci était encore si faible aux jours de l'Atlantide que peu avaient encore atteint au domaine de la pensée abstraite ; mais les efforts de l'intelligence concernant les idées concrètes leur étaient parfaitement accessibles, et, ainsi que nous l'avons vu, c'était dans les considérations pratiques de la vie de chaque jour – surtout lorsque leurs facultés psychiques étaient en jeu – qu'ils obtenaient des résultats remarquables et surprenants.

Il faut se rappeler que Kama, ou le quatrième principe, atteignit naturellement son point culminant dans la quatrième race. C'est par là que s'explique le degré d'avilissement auquel elle descendit, tandis que l'approche du cycle vers son nadir ne fit qu'accentuer le mouvement descendant, de sorte qu'il n'est pas très étonnant que la race ait perdu graduellement ses facultés psychiques et ait atteint les bas-fonds de l'égoïsme et du matérialisme. Il faut plutôt considérer tout ceci comme fonction du grand processus cyclique, et en conformité avec la loi éternelle.

Nous avons tous passé par ces mauvais jours et les expériences acquises autrefois forment les caractères présents.

Mais une lumière plus intense que celle qui éclairait le sentier de nos ancêtres atlantes resplendit à présent sur la race Aryenne.

Moins dominés par les passions des sens, plus sensibles à l'influence de l'esprit, les hommes de notre race ont obtenu et obtiennent une connaissance plus ferme et un développement plus large de l'intelligence. Cet arc ascendant du grand cycle manvantarique conduira naturellement un plus grand nombre vers l'entrée du sentier occulte et offrira un attrait toujours plus grand pour les possibilités supérieures de purification et d'affermissement du caractère qu'il permet d'atteindre ; alors cesseront les efforts infructueux, souvent détruits par des mirages trompeurs, car l'esprit sera dirigé et protégé à chaque pas par les Maîtres de la Sagesse ; et ainsi le mouvement ascendant ne sera plus hésitant et incertain, mais il mènera directement au but glorieux.

De même les facultés psychiques et l'intuition divine, un instant perdues mais qui demeurent le légitime héritage de la race, n'attendent que l'effort individuel vers la connaissance pour donner au caractère une pénétration toujours plus grande de pouvoirs plus étendus. Les rangs des Adeptes instructeurs – des Maîtres de la Sagesse – seront ainsi toujours plus compacts, toujours plus forts. De nos jours même, il existe certainement parmi nous des êtres que seul l'enthousiasme intense dont ils sont animés permet de reconnaître, et qui aspirent à s'élever jusqu'au sentier des Maîtres de la Sagesse avant que la prochaine race racine soit établie sur cette planète, car ils veulent seconder le progrès de leur propre race.

FIN

CARTES

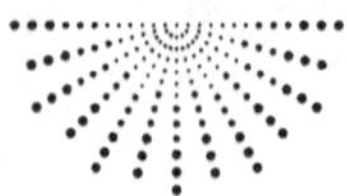

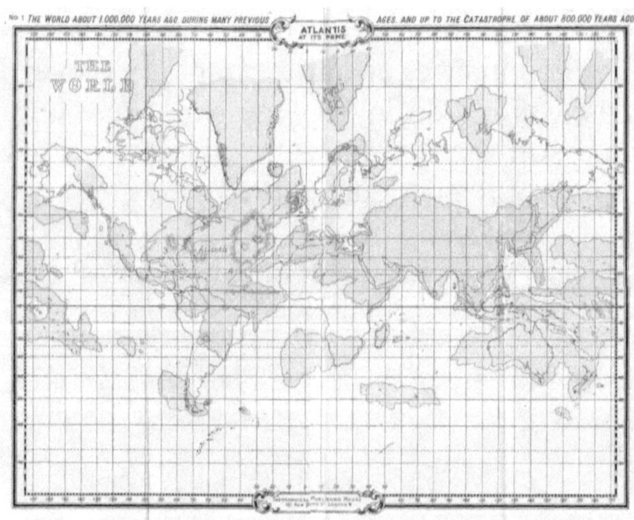

N°. 1 Le monde, il y a environ 1 000 000 d'années, au cours de nombreux âges précédents, et jusqu'à la catastrophe d'il y a environ 800 000 ans. ATLANTIS à son apogée

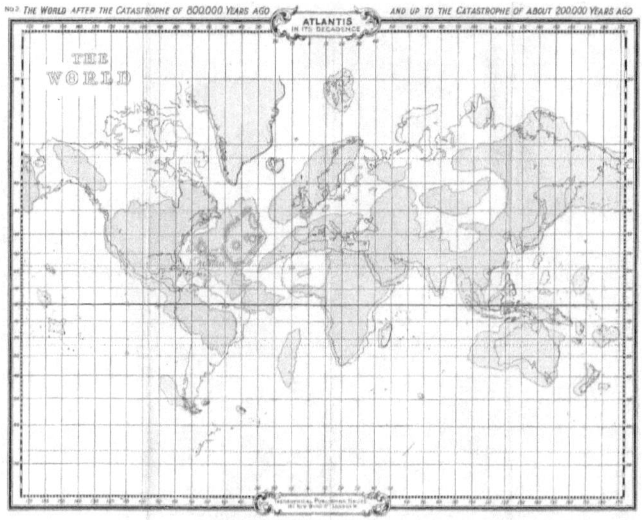

N°. 2 Le monde après la Catastrophe d'il y a 800 000 ans et jusqu'à la Catastrophe d'il y a environ 200 000 ans. ATLANTIS dans sa décadence

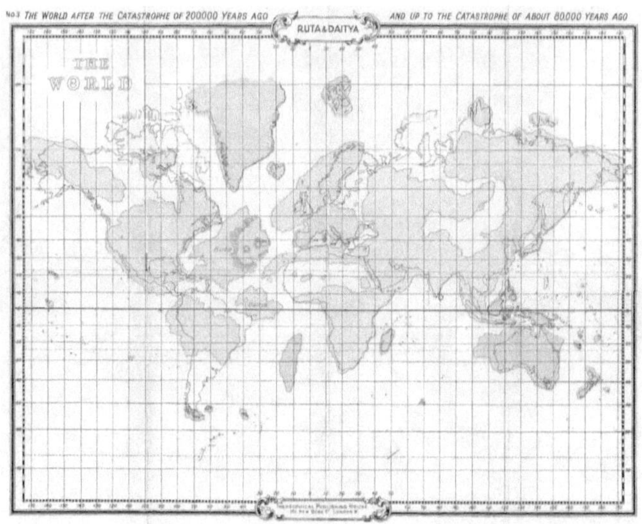

N° 3. Le monde après la catastrophe d'il y a 200 000 ans et jusqu'à la catastrophe d'il y a environ 80 000 ans. ruta & daitya

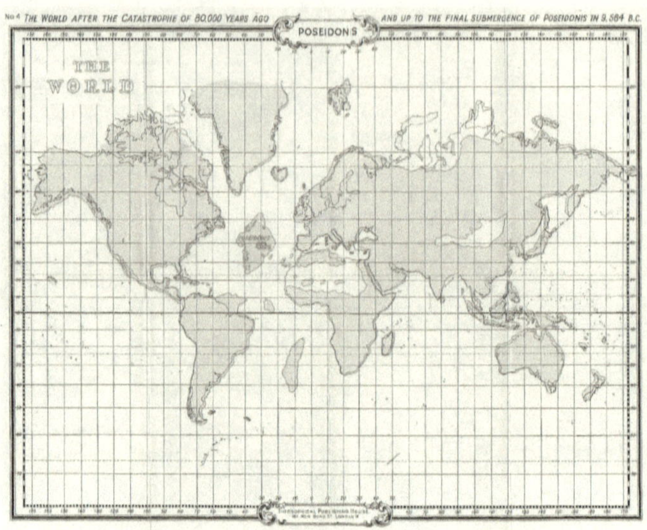

N°.4 Le monde après la catastrophe d'il y a 80000 ans et jusqu'à la submersion finale de Poséidonis en 9564 avant J.-C. Poséidonis

www.ingramcontent.com/pod-product-compliance
Lightning Source LLC
LaVergne TN
LVHW101925220826
846093LV00009B/370

* 9 7 8 2 3 5 7 2 8 5 5 4 5 *